Secret of
Official Document
Writing

新时代
职场
新技能

公文写作实战秘籍
笔杆子谈写材料

王振——著

清华大学出版社
北京

内 容 简 介

本书以提高读者公文写作水平为主旨，从立场、思路、逻辑等多个角度入手，注重提升对公文写作实务问题的分析和判断能力。在行文方面，本书从公文写作的准备要素和基础工作讲起，逐步介绍公文写作的立场和亮点等进阶问题，再对常见公文类型进行分类剖析，并在其中穿插具体案例加以辅助说明，帮助读者对公文写作的规律、方法和技巧等形成系统性认识。最后，本书还讨论了"笔杆子"应当具备的个人素养，并运用真实人物的个人经历作为案例，分享了一些他们的成长经验，帮助读者定位自己的发展方向和目标。

本书共10章，涵盖公文写作准备要素、公文写作素材管理、公文写作立场、公文写作亮点、公文写作常见类型以及十余种文体、公文写作人员素质培养等内容。

本书注重实战应用，案例丰富，既讲"写材料"，又讲"做事情"，不仅适合刚刚走上文字岗位的新人，也适合希望对行政文秘工作有更深了解的读者。

本书封面贴有清华大学出版社防伪标签，无标签者不得销售。
版权所有，侵权必究。举报：010-62782989，beiqinquan@tup.tsinghua.edu.cn。

图书在版编目（CIP）数据

公文写作实战秘籍：笔杆子谈写材料 / 王振著 . —北京：清华大学出版社，2020.12
（2025.1 重印）
（新时代·职场新技能）
ISBN 978-7-302-55779-1

Ⅰ. ①公… Ⅱ. ①王… Ⅲ. ①公文—写作 Ⅳ. ① C931.46

中国版本图书馆 CIP 数据核字 (2020) 第 105517 号

责任编辑：刘　洋
封面设计：徐　超
版式设计：方加青
责任校对：王荣静
责任印制：丛怀宇

出版发行：清华大学出版社
　　　　网　　址：https://www.tup.com.cn，https://www.wqxuetang.com
　　　　地　　址：北京清华大学学研大厦 A 座　　**邮　　编：**100084
　　　　社 总 机：010-83470000　　**邮　　购：**010-62786544
　　　　投稿与读者服务：010-62776969，c-service@tup.tsinghua.edu.cn
　　　　质 量 反 馈：010-62772015，zhiliang@tup.tsinghua.edu.cn
印 装 者：三河市东方印刷有限公司
经　　销：全国新华书店
开　　本：148mm×210mm　　**印　　张：**9　　**字　　数：**215 千字
版　　次：2020 年 12 月第 1 版　　**印　　次：**2025 年 1 月第15次印刷
定　　价：59.00 元

产品编号：087860-01

序　言

　　公文写作是现代办公的常用技能之一，更是体制内人士十分看重的一项核心能力。我们常说，衡量一名干部的能力有三项标准：会写、会讲、会干事。而在实际上，"讲"得好，离不开"好"的稿子做支撑；"干"得好，也需要有"好"的稿子来展示。由此可见，"会写"是这三项能力评判标准中的关键内容。也正因为如此，现实中擅长写材料的干部，更容易在竞争中赢得先机，而"熬夜写材料"也成为体制内有追求、有梦想、有活力的年轻人的一门"必修课"。

　　写材料是一项神秘而复杂的工作。或许有很多读者与我一样，在进入体制之前，不了解公文的特点和作用，总认为党政公文大都是一些"高深莫测"的"八股文"；在进入体制之后，又摸不透这类文字材料的写作技巧和规律，总感叹写材料令人备感痛苦。久而久之，大多数人便有了畏难情绪，害怕被领导抓去写材料，或者对写材料产生了抵触情绪，不愿意花心思去学习和摸索写材料的方法，始终在这道"难关"面前驻足不前。

对此，我本人深有体会。刚参加工作，我就接受了一项起草综合文字材料的任务。作为从零开始又非科班出身的"门外汉"，当时的我确实茫然无措，无从下手，甚至连抄都抄不好，一度心灰意冷，怀疑自己是否适合干这份工作。但是内心的信念，支撑着我坚守前行；领导的关心和同事们的支持，又让我越战越勇。终于在两年后的某一天，我豁然开朗，仿佛有种醍醐灌顶之感，原本那一大堆"厘不清又道不明"的文字事务，突然间就条理清晰了。

从此，我写材料时不再手足无措，而是逐渐游刃有余。

回顾那两年痛苦的成长经历，我认为要写好材料，最重要的是日复一日的积累，从而完成从"量变"到"质变"的过程。而在那之后的十余年时间里，我也一直在重复这个过程，让自己在写材料这件事上更加得心应手。我的体会是：学会"积累"十分重要，善于"积累"更是走向"笔杆子"的必要渠道。

很多人在"写材料"方面迟迟不得要领，并不是因为没有天赋，而是没有足够的"积累"，确切地说，是缺乏对材料所涉及信息的搜集、归纳和总结能力。也就是说，我们在每天的工作中会有所见、有所闻、有所思，但这些信息以及获得信息的过程，并没有成为我们的经验和心得，也没有将这些信息与"写材料"这件事形成关联。

许多新人认为，"做事情"就是"做事情"，"写材料"就是"写材料"，两者泾渭分明。说起"做事情"，是一套思路和方法，比如去现场、打电话、填表格、报文件等；着手"写材料"，却是另外一套思路和方法，如看教程、选词句、凑标题等。他们认为"写材料"很难，却不会对其他"做事情"之类的工作有如此情绪，便是进入了这种思想认识上的误区。这两套截然不同的思维模式，将公文写作这件事孤立于日常事务之外，错失了很多"积累"的机会，导致写出来的材料难以完全契合它的"目的"。

撰写本书的目的，一方面是将自己十余年来的经验、心得和技巧做一个系统性的梳理，回顾和审视自己在职业生涯中的收获；另一方面也是帮助新人走出认识上的误区，帮助大家将"写材料"与"做事情"相结合，调整对待公文写作的思维模式。

因此，本书在撰写过程中便形成了四个特点，即"世俗""功利""取巧"和"树人"。

所谓"世俗"，指本书不会罗列范文模板，也不会"陈列"或者"推荐"什么常用的"好词好句"，更不会要求大家"背诵"或者"记忆"所谓常用的公文结构。简而言之，本书并不是一本万能的"作文选"，而是注重将公文写作与日常工作相结合，从满足工作任务需求的角度，深入剖析各类公文材料是出于什么目的而写的、应该写成什么样、如何才能做到这样等问题。在分析这些问题的过程中，我都会与现实工作内容相结合，努力达到"授人以渔"的效果，帮助各位读者做到"知其然更知其所以然"。

所谓"功利"，指本书追求的是文章的实用效果，注重的是公文材料在实践中的价值，"以结果论英雄"。本书不会告诉读者如何将材料写得"更漂亮"，而是帮助读者了解如何将材料写得"让领导满意"。为此，本书从头到尾都在反复强调，要把握领导对材料的定位和要求，观察领导看材料的习惯和偏好，判断领导赋予材料的目的和使命，唯此才能写出"有用"的材料。同时，本书也不探求"文字推敲"的成果，而是侧重于把握好文章的目的，并选择适用于特定场合的表达形式，从而确保公文材料达到上级领导的预期要求。

所谓"取巧"，指本书丝毫不涉及形而上的概念讨论，而侧重于方法论层面的内容，着重介绍处理和应付日常公文写作任务的办

法和技巧。还特别介绍了针对"无话找话""没事找事"等常见情况的应对技巧，着眼于实务操作层面，帮助读者解决各类工作中的问题与烦恼。

所谓"树人"，指本书从公文写作角度出发，但又不局限于公文写作这一件事情，既讲"如何写好材料"，又谈"怎么做人做事"，注重对读者行政文书思维的培养和锻炼，帮助读者实现个人在"写材料"岗位上的成长与进步。

本书共 10 章，分三大板块。

第一板块，从第 1 章到第 4 章，主要分析公文材料的共性关键要素，包括基础信息、素材管理、适度原则、亮点提炼等，在宏观方法论层面探讨公文写作的思维和技巧。

第二板块，从第 5 章到第 9 章，通过实例分析的方式，介绍几种常见公文的写作方法和注意事项，包括总结计划、调研课题、剖析整改、发言讲话、评论感想等，加强对特定公文类型的理解和掌握。

第三板块，第 10 章，讲述作为一名文秘人员需要着重培养的素质素养，分享一些真实人物的个人成长经历，希望为读者的工作、学习和成长提供一些经验借鉴。

本书篇幅虽不算长，但却是本人十余年经验心得的整理和提炼，比较真实地反映出一名基层单位"笔杆子"的心得积累，以及所见、所闻和所想。事实上，无论是对比身边的同事，还是放眼更加广阔的平台，我都不敢自认是一名多么优秀的"笔杆子"，而且也因为阅历所限，没有机会去接触更高级别的文秘工作。因此，与许多见多识广的前辈相比，无疑是"井底之蛙"。但可能正得益于此，本书的内容可以更"接地气"，也更有实务层面的借鉴意义，或许也能更好地适应广大基层文字工作者的"胃口"。

因此，本书适合的读者对象，我想可以包括（但不限于）以下几类：

（1）刚刚走上文字岗位的读者；

（2）从事基层单位文字工作的读者；

（3）希望提高申论考试分数的读者；

（4）对体制内文秘事务感到好奇的读者；

（5）对公文写作感到疑惑或者苦恼的读者。

我希望这本书对您能有实实在在的帮助。

回顾自己的成长历程，一样始终离不开他人的帮助，对此我永怀感念之情。

感谢温州市龙湾区发展和改革局。一个人的第一份工作，对其职业精神和工作态度会产生极大的影响。而这里，永远不缺乏团结进取、拼搏奋进、创新担当的氛围，助我实现了个人的成长与进步。能够在此度过宝贵的十余年时光，实在与有荣焉。

感谢我的爱人，遇见她是我一生的幸运，感谢她带领的温州市慧译通翻译文秘服务有限公司团队。得益于她和她的团队，我极大地拓展了视野，接触到更精巧、更多元化、更复杂的文字材料，也见识了不同立场、不同角度、不同风格的公文文稿。在他们的影响下，我对于"写材料"的感受和认识，才会远远超越一名基层单位文秘工作人员的范畴，从而支撑我完成本书的写作。另外，本书中所有现实案例以及分析判断过程，均来源于他们庞大的数据库，都是真实存在的实例。

感谢我的父母。他们操劳半生，含辛茹苦，如今还为我的小家庭贡献良多。本书写于2019年，也是我为人父的第一年。父母为我们分担了繁重的养育子女的压力，才能让我可以时不时地脱身于家务，顺利完成这份书稿。

最后，特别感谢我的老领导潘小林先生。他对我的悉心指导和耐心培养，引领我度过了最艰难而又最重要的职业生涯起步阶段。"两年磨一剑"，他将那个青涩、自以为是而又不擅表达的年轻人磨砺成才，希望这位年轻人在十余年后出版的第一本书，不会辱没他的声名。

学无止境，文无第一。本人能力有限，再加上本书稿是在忙碌的工作之余抽空撰写，难免有所疏漏。在此，希望各位读者海涵。倘若有读者认为书里的一家之言也"可堪一听"，那本书便也有了其存在的价值。

是以为序。

2020 年 5 月
温州龙湾

目录

第1章 公文写作的准备三要素

1.1 容易忽视的基本问题：字数 / 2
    1.1.1 字数的重要性 / 2
    1.1.2 字数的判断方法 / 3

1.2 必须考虑的决定因素：时间 / 7
    1.2.1 合理安排时间的意义 / 7
    1.2.2 合理安排时间的方法 / 10

1.3 避免犯错的重要基础：目的 / 13
    1.3.1 材料目的的决定作用 / 13
    1.3.2 材料目的的大概类型 / 14
    1.3.3 确定材料目的的方法 / 16

第 2 章
公文写作的基础 素材管理

- 2.1 素材的收集 / 20
  - 2.1.1 培养定期整理的习惯 / 20
  - 2.1.2 培养换位思考的习惯 / 22
  - 2.1.3 培养借助权威的习惯 / 26
- 2.2 素材的取舍 / 28
  - 2.2.1 内容过时的素材 / 29
  - 2.2.2 自相矛盾的素材 / 31
  - 2.2.3 不合时宜的素材 / 32
- 2.3 素材的运用 / 34
  - 2.3.1 注意整体平衡 / 34
  - 2.3.2 注意语言表述 / 35
  - 2.3.3 注意专业术语 / 38

第 3 章
公文写作的立场 适度原则

- 3.1 角度：站在什么样的立场"说话" / 41
  - 3.1.1 什么是角度变化 / 41
  - 3.1.2 角度变化的实例说明 / 44
- 3.2 高度：为什么总是说我"高度不够" / 49
  - 3.2.1 "高度"到底是什么 / 49

3.2.2 评价高度的第一指标：大局观念 / 51
3.2.3 评价高度的第二指标：系统意识 / 52
3.2.4 评价高度的第三指标：归纳能力 / 54
3.2.5 领导思维是"高度"的关键 / 57

3.3 深度：无话则短，有话也要短 / 59
3.3.1 合适的深度就是详略得当 / 59
3.3.2 深度的关键是处理过程 / 61

第 4 章
公文写作的灵魂 亮点提炼

4.1 关于亮点的必备知识 / 65
4.1.1 什么是亮点 / 65
4.1.2 哪些元素可以作为亮点 / 66
4.1.3 哪些材料需要亮点 / 67

4.2 亮点的特质 / 70
4.2.1 与众不同的创新内容 / 71
4.2.2 迎合期盼的思想主题 / 72
4.2.3 精致工整的文字表达 / 73

4.3 亮点怎么呈现 / 74
4.3.1 高大上的修辞法 / 75
4.3.2 成群结队的归纳法 / 77
4.3.3 问题引导的切入法 / 80

4.4 培养对亮点的敏感性 / 82
    4.4.1 知己知彼，方得亮点 / 83
    4.4.2 观察入微，方见亮点 / 86
    4.4.3 精雕细琢，方有亮点 / 87

第 5 章
常见公文类型分析之一 总结计划

5.1 工作总结 / 91
    5.1.1 复杂多变的类型特点 / 91
    5.1.2 总结用来讲成绩，但怎么讲有学问 / 93
    5.1.3 依靠素材，但又不能依赖素材 / 95

5.2 述职述廉，述其他 / 100
    5.2.1 述职是篇幅限制下的总结 / 100
    5.2.2 述这述那到底怎么述 / 104

5.3 工作计划 / 109
    5.3.1 计划的虚实表述 / 109
    5.3.2 不应疏忽的语言时态 / 111
    5.3.3 怎样让计划振奋人心 / 113

5.4 信息简讯 / 115
    5.4.1 信息简讯的三大特点 / 115
    5.4.2 信息简讯的写作技巧：类型不同写法不同 / 118
    5.4.3 学写信息的轻重与取舍 / 130

第6章
常见公文类型分析之二 调研课题

6.1 调研报告 / 133

    6.1.1 现状写得透不透，是态度问题 / 133

    6.1.2 问题写得清不清，是技巧问题 / 137

    6.1.3 对策写得对不对，是理解问题 / 141

6.2 课题研究 / 144

    6.2.1 与调研报告的相同之处 / 144

    6.2.2 与调研报告的不同之处 / 146

    6.2.3 虚实结合方能游刃有余 / 147

6.3 建议提案 / 150

    6.3.1 期望价值：提出尚未被发现的问题 / 151

    6.3.2 评价标准：接地气与搭天线 / 152

    6.3.3 实战演示：如何草拟一份底稿 / 154

第7章
常见公文类型分析之三 剖析整改

7.1 剖析材料 / 160

    7.1.1 典型特点：对人不对事 / 160

    7.1.2 注意剖析的背景要求 / 162

    7.1.3 把握好措辞的尺度 / 164

    7.1.4 找准常用的思维"切入点" / 166

7.2 自查报告 / 169
    7.2.1 事出有因还是无因 / 169
    7.2.2 事出有因怎么写 / 170
    7.2.3 事出无因怎么写 / 174

7.3 整改方案 / 177
    7.3.1 在形式上的一一对应 / 177
    7.3.2 在内容上的虚实有度 / 180
    7.3.3 常用的思维"切入点" / 182

第 8 章
常见公文类型分析之四 发言讲话

8.1 竞聘发言 / 186
    8.1.1 自我介绍 / 186
    8.1.2 对拟竞聘岗位的认识 / 188
    8.1.3 优势在哪里 / 193
    8.1.4 竞聘成功后要怎么干 / 195

8.2 领导讲话:一场大会上的交锋与呼应 / 197
    8.2.1 汇报式:简要而不失专业 / 199
    8.2.2 交流式与检讨式:几家欢喜几家愁 / 203
    8.2.3 总结式:重要讲话重在哪里 / 206

8.3 主持词 / 213
    8.3.1 主持词的特点:举足轻重的"配角" / 213
    8.3.2 主持词的结构:尾部最难 / 215
    8.3.3 主持词各部位的写法 / 217

第 9 章
常见公文类型分析之五 评论感想

9.1 时事评论 / 224

    9.1.1 主题的大与小 / 225

    9.1.2 立场的正与反 / 228

    9.1.3 文笔的冷与热 / 229

9.2 心得体会 / 231

    9.2.1 开头难,就多多感谢单位 / 232

    9.2.2 总结难,就多多介绍工作 / 235

    9.2.3 表态难,就多谈未来理想 / 240

9.3 读后感 / 243

    9.3.1 学的是什么 / 244

    9.3.2 学到了什么 / 246

    9.3.3 学了之后怎么干 / 248

第 10 章
公文写作人员的素质培养

10.1 善于处理精神压力 / 251

    10.1.1 压力山大:领导要求、自我怀疑、身心疲劳 / 251

    10.1.2 抗压心理:淡定豁达、重在长远、善使巧劲 / 253

10.2 不断拓展知识视野 / 257

    10.2.1 知识就是力量:"笔杆子"不是"书呆子" / 257

10.2.2 触类旁通：学习的正确态度 / 260

10.2.3 突出强调：办公软件要精通 / 262

10.3 注重培养观察能力 / 263

10.3.1 观察越细致，收益越丰厚 / 263

10.3.2 我们应该注意观察什么 / 265

10.3.3 观察能力怎么来：全情投入 / 267

第1章

公文写作的准备**三要素**

在进入第 1 章之前,先给各位读者介绍一个贯穿全书的基本理念:公文写作的功夫,大多在写作这件事情之外所得。

在着手"写材料"之前,我们须先从三项最基本的准备要素开始:字数、时间、目的。

这三项要素表面上与写作这件事本身好像没有太大关系,但却构成了我们"写材料"必须要解决的三个基本问题:

"这份材料需要多长篇幅?"

"这份材料什么时候要的?"

"这份材料是做什么用的?"

1.1　容易忽视的基本问题：字数

一篇材料的篇幅（字数）是很容易被人忽视的基本问题，但却是所有"故事"的开篇。

1.1.1　字数的重要性

字数是容易被忽视的基本问题。很多人拿到领导交代的任务后，马上"埋头苦写"，对文章篇幅没有相应的认识和准备。有些人会问，字数多少跟写好材料有什么关系？我们写材料把该讲的事情都讲到位，不就好了吗？

这便是一种典型的错误思维。所谓"该讲的事情都讲到位"，那也必须是在限定的字数范围之内。在公文写作领域，除了少数的特定文体之外，大部分材料的写法，都取决于这篇材料需要什么样的篇幅规模，即字数。

字数相对多的公文，我们就可以详细地写、深入地讲，旁征博引，从容不迫，前因后果一一奉上。

字数相对少的公文，我们就需要精练概括、重点鲜明，开门见山，概括总结，突出主线，惜字如金。

字数决定了材料中各个部分的框架、结构与比例，构成了文章的骨干。而且，字数也决定了我们至少要在键盘上敲出多少个字，才算是完成领导交代的这份材料，或者说可以适可而止了。

经验丰富的"笔杆子",会从多个角度来判断这份材料大概需要多少字数,但对于新人来说,却需要通过学习和磨炼,慢慢掌握这种判断能力。

而这种判断能力,往往是在写材料这件事情之外得到修炼。

所以本书始终强调:公文写作的功夫,大多在写作这件事情之外所得。

1.1.2 字数的判断方法

要判断材料的字数,询问领导是最直接的办法,因为材料大多是为领导服务的。但是除此之外,我们仍然需要通过一些其他方法,来推断出确切的字数范围。

1. 页数判断

当领导交代写材料的任务时,他心中早已明白大概的篇幅范围。我们需要做的,便是将这个数字问出来。

但有时候,我们不能直接去问领导:"您这个要写多少字呢?"因为领导虽然会有一些篇幅范围的概念,但他不一定对文稿字数有多么精确的理解。特别是一些领导并非文秘出身,对材料字数等问题缺乏直观认识,一时半会儿可能也说不清楚。

> **小贴士**
>
> 很多新人不敢去问领导,生怕领导认为自己"不懂""不会思考""不动脑子"。事实上,这是体制内新人"多虑"了。在领导看来,事前多问一句,而不是埋头蛮干,说不定正是我们做事考虑周到的表现呢。

对此,我们可以先问领导:"这篇材料需要写多少页?"

一般情况下,领导可能不知道材料需要多少字数,但他对于页数则会有一些直观明白的认识。我们便可以利用公文页数的范围,对字数进行推断。

按照我国党政机关公文格式的规范标准,公文材料的正文使用仿宋三号字体,段间距28磅,每面排22行,每行排28个字。按照这样的格式套下来,一面A4纸大概可以写到500字左右。这便是我们计算字数的标准:

领导要求的页数 × 每页 500 字 = 材料所需的大概字数

按照这个计算结果,我们推断出的篇幅就不太会偏离领导的预期值。

在实践中,如果是一些比较重要的材料,则应当根据正式装订的效果,适当调整公文格式,进而再对字数进行微调。

如果材料最后以A3纸张骑缝式装订的形式呈现,那么总页数一般是4页或者4的倍数页为佳。如果我们完成的材料总共有9页纸,那么按照A3纸张骑缝式装订的方法,会空出三面大白页,既不节约,也不好看。所以,是否可以考虑一下"砍"点字数,缩减到8页呢?

2. 时间判断

页数判断比较适用于书面材料,但我们经常会遇到一些以口语为表达方式的公文材料,便不能纯粹靠页数来定论。比如,领导的发言稿、讲话稿、演讲稿之类。写这类材料不能直接问领导需要几页纸,而应当问:领导,您准备讲几分钟?

第 1 章 公文写作的准备
三要素

不同场合的发言讲话，会有不同的时间控制。即使我们服务的这位领导是会上"最大的""做最后重要讲话的"那一位，也会有一定的时间规划概念，会安排好大概的讲话时长。

根据语速，我们大概每秒钟能讲 2 到 3 个字，如果领导语速较慢，一秒讲 2 个字，那么一篇材料的字数便是：

字数 = 预计讲话分钟数 ×60×2

有些会议场合，会明确规定发言时间控制在多少分钟以内，并且在会议通知中加以说明。我们在准备讲话材料的时候，需要注意通知要求，围绕会议时间的安排来判断材料所需要的篇幅。

但需要注意的是，时间判断方法所得出的字数范围，在用于实际讲话的时候，往往会相对偏小，而且也难以耗尽预期的时间。这是因为我们写材料时常使用 Word 软件，对文章字数的计算也是基于 Word 软件自带的"字数统计"功能。这个功能统计出来的字数，包括了文章中的中文标点符号，而这类标点符号是不会被读出来的。

> **小贴士**　比如，领导会上发言大概 10 分钟，我们根据领导的讲话风格，判断出讲话稿大概需要 1500 字左右。但是 Word 软件统计出的"1500 字"，包括了文章中的所有中文标点符号，真正被读出来的字数可能也就只有 1300 字左右。

因此，我们在实践中还应尽量多准备一些内容，以避免被标点符号所"欺骗"。另外，这也考虑到了发言时间往往会超出原定时间限制范围的现实情况。一般要求发言时间控制在 5 分钟的，最后讲到七八分钟都是常见的情形。所以，对于口语表达类稿件，我们在字数控制上会倾向于"宁多勿少"的原则,稍微多出一些,更加稳妥安全。

3. 经验判断

参照以往类似经验,也是一种确定材料篇幅的有效办法。特别是对一些不擅长与领导沟通的新人来说,埋头寻找过去类似的稿件,再加以学习和模仿,可能会在心理上觉得轻松些。

因为许多日常性的材料,大都有"先迹可寻"。搜集过去使用过的稿件,或多或少会为我们判断篇幅的标准提供一些参考信息。

比如,一篇信息简讯需要多少字数,我们把握不准,可以看看处室以前的信息简讯写了多少字;一份调研报告需要几页纸,我们没有概念,可以看看单位以前的调研报告是什么样子;一次会议发言需要多少时间,我们难以捉摸,可以看看领导以前在类似场合的讲话讲了多久。

这些经验信息,都可以作为工作中可参考的"蛛丝马迹"。虽然不一定完全准确,但至少不会让我们觉得无从下手。

为此,我们需要注意收集过去的文稿资料,抽出时间去阅读和学习。特别是新人来到新的岗位之后,更要多接触以往的稿件材料,不但可以快速融入新的工作之中,更好地了解工作目标、工作方法和工作技巧,而且可以体会到各类材料的风格特点。同时,作为从事文字类工作的新人,我们要虚心向前辈请教,因为要想得知"画眉深浅入时无",还需要有熟悉工作的前人指点。

单位以往工作中产生的文字材料,对新任文秘人员而言都是无价之宝。无论是形式,还是内容,都值得后来人借鉴和延续。

需要注意的是，从以往稿件对字数进行判断，一般仅适用于有固定格式的材料。比如日常化的信息简讯、周期性的工作计划、年度性的课题调研等。这些材料在实践中都已经形成了比较成熟的格式和风格，我们按照以往的经验来，便可以大致确定其篇幅。

1.2 必须考虑的决定因素：时间

交稿时间不仅决定了我们需要在什么时候完成稿件，而且决定了我们的工作节奏和工作方法。只有确定交稿时间，我们才知道如何在规定时间内，合理安排好写材料的各个环节工作，从而尽可能地提高单位时间的写稿效率。

1.2.1 合理安排时间的意义

一般来说，写一份材料，时间投入越多，文稿质量也会越好。时间越充裕，我们越从容自如，反复推敲的机会也越多，材料无论是整体结构，还是细节把握，都能够得到更好的保障。反之，在匆匆忙忙之中赶出来的文稿，容易出现各种各样的错误与不足。

因此，合理安排时间，无论对我们自身，还是对文稿质量，都具有重要作用。

1. 有助于减少干扰因素

笔者再念叨一次：公文写作的功夫，大多在写作这件事情之外所得。

这延伸出的一个道理：写材料仅仅是我们日常工作的一部分，而不是全部。

坐在办公室里写材料，并不意味着"与世隔绝"。我们还需要处理其他各种各样的事情，思路被打断是常见的情形。"笔杆子"能否进退自如地安排好工作节奏，已经成为一项重要的"生存技能"。

 案例

笔者曾经任职于某事业单位，不仅要承担文稿起草的工作，还要处理办公室的日常工作。某日上午，领导交代写一份经验交流材料，并叮嘱次日开会要用。笔者原本以为时间充裕，不在话下，却没想到那一天先后因为代参加会议、接待重要客人、陪同领导调研等工作事务，完全没有时间动笔。最后，只得在晚上加班，踩着时间点向领导提交了材料。

可见，在现实工作场景之下，我们不可能安静地、不受干扰地、独立地去完成写材料的工作，而是要面对各类不同的干扰，很难做到百分百的专心和专注。所以，我们要了解交稿时间，并且尽可能合理安排好这段时间的工作节奏，减少干扰。但与此同时，我们还要有相应的心理准备，要知道时间并非如我们所想象的那么充裕。

2. 有助于减少外部阻碍

在绝大多数情况下，撰写材料并不是一件可以"闭门造车"的事情。我们在写材料的时候，很可能需要外部支持和帮助。而这种支持和帮助，有时候也会成为来自外部的阻碍因素。

我们也许需要向身边的同事搜集资料和数据，或者向其他单位的同人打听情况或者交流信息，方能完成这篇材料。但是在这个复杂的过程中，我们也会遇到许多不可预测的因素。

比如，掌握资料的那位同事，正好没在办公室，需要我们等待

一段时间。

比如，知道某个关键信息的同事，此时正在开会，不方便联系。

又比如，某份重要的关联文档一时半会儿找不到，而了解这项工作内容的同事又恰好出差了。

以上种种，都是消耗我们时间的意外因素，会给我们带来不可预测的困难和阻碍。

合理安排时间，可以让我们有序应对复杂的现实工作状况，知道什么时候该做什么，什么时候不该做什么，以及如何穿插安排好时间，从而将这些意外因素的影响降到最低。

3. 有助于减少心理压力

写材料是一件比较辛苦的工作。特别是长期从事这项工作的"老笔头"，更是日复一日面对着堆积如山的材料任务，身心俱疲。合理把握好时间，可以帮助我们摆脱心理上的干扰和压力。

我们知道了交稿时间，便意味着可以着手安排好自己的工作时间和内容。更细致地讲，我们知道了中午是不是应该加班，晚上是不是应该留下来，周末还需不需要继续工作。

对自己的工作时间有良好的把握，我们会感到更加轻松。因为临时通知加班所造成的倦怠、逆反、烦闷等心理，要比事先有所准备更要强烈。对于长期干这件工作的人而言，自然是有备而来，更能保持好工作与生活之间的界限。

> **小贴士**
>
> 不同的人对待工作和生活的态度，有着极大的差别。比如，单身的秘书可以选择将写材料任务带回家完成，而有孩子的则往往难以在家里静心敲键盘，他们更倾向于在单位里加班。这些因素都会影响个人的工作时间安排。

1.2.2　合理安排时间的方法

人在江湖，身不由己。特别是近几年，互联网时代大大提高了信息交流的效率，此起彼伏的短信、微信、钉钉通知声，也让我们陷入了更快的工作节奏、更繁杂的事务之中。

在忙碌复杂的日常工作中，合理安排好写材料的时间，我们必须要有"内外兼修"的本事，方能游刃有余。

对于不同的单位、不同的岗位、不同的个体，做到"内外兼修"所需的方式方法不尽相同，但目的是一样的，就是尽可能地给自己留有充裕而且安静的时间，完成领导交代的写材料任务。

对此，笔者仅探讨和介绍一些原则性的方法技巧。归根到底，这套方法技巧可以概括为八个字——内稳节奏，外树形象。

1. 内稳节奏

首先要梳理各个工作时间段的安排。根据自己的写作效率，按照事情的轻重缓急，统筹安排好其他的各项工作，在先不考虑有意外事项打断的前提下，选择写材料的主要时间段。

因为写材料只是日常工作的一部分，千万不能因为写材料而耽误其他工作。特别是对非纯文字岗位的人而言，其他事情可能更加重要，疏忽不得。

当然，我们也要有随时放弃休息时间的觉悟。"笔杆子"的工作十分忙碌，加班加点是常态。一旦遇到时间要求比较急的文稿，便需要我们立马放弃休息时间连续作战。

在选择时间段的时候，千万别忘了宝贵的午休时间也是可以用来工作的。

不同时间段做什么事,都要有科学的安排。我们可以将写材料分为几个必不可少的工序环节,然后让自己在合理的时间段做正确的事情。比如,在上班时间可以向同事们索取素材,或者请求帮助;而加班时间则可以一个人坐在电脑前敲键盘。特别是有些工作内容,必须在特定时间段完成,就需要预先做好安排,避免出现意外情况。如果一些环节预期可能会出现阻碍,便需要提前准备好应对方法。

另外,对于手头的文书工作,一般要有长期准备。我们可能同时要完成好几份材料起草任务,只不过时间上各有先后缓急。其中有些文稿的时间比较宽裕,但这并不意味着可以无限期地拖延下去。我们仍然需要安排好此类不是很急的文稿,即使眼下不会马上动手写,也需要准备好相应的素材和资料。

如果单位有召开季度例会、半年例会或者全年例会的习惯,那么便可以提前预判什么时候需要准备处室或者科室的总结材料,从而做好安排。

值得一提的是,每一位"笔杆子"都需要解决"拖延症"的问题。拖延是一名"笔杆子"最不应当有的缺点,但很多时候这也是一种"富贵病":有拖延的空间,说明手头的材料事务还不算多,时间被挤压得还不够狠。但我们也要有心理准备,因为被我们"拖延"掉的时间,很可能是以后无法弥补回来的。因为,我们无法预料什么时候又会有新的任务。

2. 外树形象

最重要的一点,便是学会拒绝。大部分"笔杆子"都任职于综合性岗位,或多或少都需要处理一些杂七杂八的临时性工作事务。而这些临时性事务往往会严重打乱我们的工作节奏,让我们无法专心写材料。

所以，我们便需要树立起自己的形象特点，让自己在写材料的过程中，尽可能地不受外界干扰。

要树立起"十分忙碌"的形象。无论是真是假，在写材料的紧要时刻，展现出自己的忙乱，也是一种有效的手段。让别人觉得我们很忙碌，很多人也就不好意思用一些零七碎八的事情来给我们添乱。越是新人，越需要有这种"忙碌"的伪装。一位老资历的部门负责人，有更多的底气说"不"，对自己的时间安排有更强的"掌控力"。而一名新人，特别是在综合岗位任职的，就必须要学会用忙碌的形象来"保护"自己。

要树立起"身负重任"的形象。领导交代的写材料任务，我们不仅仅是自己认为它十分重要，同时也要让身边的同事觉得这件事情重要。当他们请我们"帮个手"的时候，我们便提出自己正承担着这项重要工作，暂时不能腾出手来，合理回绝掉他人，从而避免时间被占用。需要注意的是，我们用这种理由拒绝别人，要注意低调、谦逊和友好，千万不可给人留下"狐假虎威""仗势欺人""看不起人"等不良印象。

要树立起"术业专攻"的形象。写材料是工作的一部分，但我们有必要让这一部分成为我们的"特长"和"能力"，让别人觉得我们有"安身立命"之本，有一技之长。久而久之，我们会逐渐成为相关工作领域的业务骨干，那么一些打杂跑腿的事情便会渐渐远离我们。这对新人的成长来说，尤为重要。

在体制内的新人，应当有长远的职业规划，并努力朝着预期的目标不断完善自我。无论是专注于某一项具体业务也好，或是专门写材料也好，只要专注于此，学习进步，都可以为自己赢得一技之长。

当然，本书并非引导大家去做这些"表面功夫"，而只是希望各位能够在繁杂的工作中更好地保持"定力"，有更好的空间和时间去完成领导交代的任务。这既有利于工作的推进，也有助于个人的成长。

1.3 避免犯错的重要基础：目的

领导要我们写的每一份材料，都有其目的和作用。我们知道材料用在什么地方，可以避免犯下许多错误。很多新人只知道低头做事，没有想到抬头看看前方。领导让我们写材料，我们便埋头苦写，从来不问这个材料是做什么用的，要达到什么效果，最终自己写得很累，领导却不满意。

1.3.1 材料目的的决定作用

每一份材料，都承载着它的使命和意义，而这个使命和意义，决定了材料的内容和写法。

比如，领导要求我们撰写一份信息，那么我们便要分析这篇信息的目的：信息是报送哪里的？要取得什么效果？为什么要写这么一篇信息？

一般而言，一篇信息的目的主要有以下两种。

一种是宣传工作进展，强调的是时效性，说明某项工作在某个时间点已经完成，并取得了什么样的成效。主要目的在于告知领导或者社会各界，该项工作我们已经顺利完成，请领导放心，请社会各界继续支持。

另一种是工作方法交流，强调的是方法论，主要是总结某项工作的完成方法，突出做法与经验。目的在于"炫耀"领导的思路清晰、团队的方法正确、过程的高效有序。

两种不同的目的，也造就了一篇信息出现两种截然不同的写作方法，其内容素材的选择也会大相径庭。前者会更加简洁，开门见山，强调工作成果和意义；后者则相对复杂，总结梳理，突出工作的思路和技巧。我们只有准确把握了材料的目的，才算是掌握了正确的写法，也才能写出理想的材料。

在本书 5.4 章节中，将分析信息材料的类型和特点。

除了信息之外，其他类型的公文也都有各自的目的和意义。我们评价一篇材料写得好不好，除了文笔之外，更重要的是考量这份材料是否围绕其目的，做了正确的表述，以及是否有助于达到目的。由此可见，目的把握准确不准确，关系着我们工作的成效。

更加重要的是，评判材料质量高不高的主体，是我们的上级领导。领导给我们布置材料任务，往往有其明确的目的。特别是一些至关重要的材料，领导十分明白材料应当取得什么样的效果，甚至对材料内容应当涉及哪些信息，都有着明确的心理预期。对我们而言，只有正确把握材料的目的要求，才能让材料本身达到其应有的效果，并赢得更高的领导评价。

1.3.2　材料目的的大概类型

浩瀚如海的文字材料，目的虽然各有不同，但大多可以简单归结为以下四个方面。

1. 展现成绩

我们平时常见的信息简讯、总结汇报、经验交流等材料，无论是站在单位角度，还是站在个人立场，其目的大都是展现过去一个时间段的工作成果，显现出自己的业绩。

在实践中，不同场合下的材料表述也会有不同的侧重点。正如前文所述，一篇信息可能会侧重于最终的成果表现，也可能会侧重于过程的起承转合。至于以什么为重点，需要我们根据客观情况具体分析。

2. 推进工作

这类材料强调对当前某项工作的分析和部署，既要准确指出问题背后的原因，又要提出解决问题的对策举措。一些专题报告、请示件、领导讲话等材料，便旨在解决某些问题，以方便工作的持续推进。

相比分析，这类材料需要我们有更强的分析能力，能够发现问题，并知道这些问题应该由什么人、用什么办法、在什么时限内去解决好，考验我们在文字材料之外对具体工作的了解和把握。

3. 通告情况

这类材料相对中立化，一般只需要满足两个方面的要求：一是将某件事情讲解到位；二是对通知对象的下一步行为提出要求。我们在日常工作中涉及的通知、公告、通报、告示等文体，包括一些答复函等，大多出于这类目的。

此类材料虽然常见，但并不一定可以缩略简短，其篇幅需要根据文稿的目的是否能够达到而定。

4. 组织力量

这类材料最常见的便是各类方案，包括会议方案、活动方案、工作方案等，不一而足。注重的是简要而明确地分配各方面任务，并且要尽可能周全地考虑到细节问题。

方案材料与实践工作结合十分密切，因此也并不特别注重文笔，更强调对各个环节的周密思考与把握。

另外，还有一些体裁比较特殊的常见文稿，比如课题调研、规划计划、心得体会等，此类文稿的目的相对比较明确而且细致，需要我们掌握套路，合理出招。

1.3.3　确定材料目的的方法

许多新人只知埋头写文稿，却并不知道这些文稿是用在什么地方的，把握不准材料的目的，最后拿出来的材料，先不管内容上的对错，本身就已经存在"不合时宜"的问题了。

因此，我们需要通过一些方法，来确定材料的真实目的。

1. 要多问

接到写材料任务的时候，我们一定要问领导，这个材料是用来什么的，要敢于开口。事实上，无论是材料的字数，还是时间，抑或是目的，这三项关键要素的确认都有赖于我们开口去问，掌握我们想要的信息。

如果实在不敢向领导询问，也可以询问一些知道这件事的同事，从侧面了解这份材料的用途以及相关信息，以助于我们了解真正的目的。

案例

某县税务局局长让秘书小王准备一份关于税务信息系统建设的发言稿，准备在次日的会议上用。由于他赶着开会，只给了小王一份简单的会议通知,就匆匆离开。小王不知道讲话稿的用意,无从下手,但也不敢多问。他仔细研究会议通知的内容,发现是县政协召集的委员面商会。于是,他又询问了县政协办公室的同志,才明白了会议的议程、参会的对象、局长在会上的角色等,从而对讲话稿的目的有了全面掌握,进而顺利完成了材料。

2. 要多看

大部分"笔杆子"身处办公室等重要岗位,对各类材料的来龙去脉比较了解,具有一定的优势。在平时,要多看看不同材料的"命运":它们是为什么而生,去向了哪里,得到了什么结果。这类信息和经验,有助于我们了解不同单位对不同材料的要求。

比如,作为一个县级业务部门,每年年底都要给县委办、政府办(以下简称两办)和上级业务部门报送年终总结。但是同样一份总结,两办和上级对它的用法,会有一些微妙的差异。两办会将我们的总结作为全会报告或者政府工作报告的资料来源,侧重于面上工作完成情况和业务数据结果;上级业务部门则会将我们的总结作为它自己年终总结的参考素材,侧重于重点亮点成绩或者典型事例的收集。

由此可见,站在材料使用单位的角度去思考材料的作用,也会更全面地掌握材料的目的。在平时工作中"多看",我们可以逐步培养起对这类工作事务的熟悉和默契。

3. 要多想

在多问、多看的基础上,我们不断积累经验,对材料目的的把握也变得游刃有余。很多时候看一眼通知或者听一遍要求,便明白了八九不离十。

这个时候,我们还需要多想,超然于对"完成材料"这件事本身,

思考这些材料是否有更好的可能性。

虽然领导没说什么,但我们事后可以根据材料的目的,继续想象材料的进步空间。

材料中那些已经说了的,会不会根本就没必要说?材料中那些说了很多的,会不会应该少说几句?材料中那些用这种方式说出来的,换种方式会不会更好呢?

我们思考这些问题,一方面可以为今后写类似材料提供更加明晰的思路,催促自己继续进步;另一方面也开阔了我们更大的视野,让我们站在领导的角度去思考问题,让自己比领导想得更远、更深、更透!

领导秘书的仕途往往会比较通畅,很大原因在于他们时刻跟在领导身边,熟悉领导思考和处理问题的方式,在潜移默化中培养了自己的思维能力,为走上领导岗位提供了良好的基础。作为"笔杆子",这也是我们不可多得的成长机遇。

第2章

公文写作的基础
素材管理

有句话说:"天下文人是一家,你抄我来我抄他。"在公文写作中,"抄""套""借"等手法也并不鲜见,甚至是在某些场合下完成任务的必要方法。足见素材管理,是公文写作中十分重要的基础环节。

在此之前,再一次提醒:公文写作的功夫,大多在写作这件事情之外所得。素材管理这个环节也不例外。

2.1 素材的收集

在大部分情况下,我们所要撰写的材料绝不是"空中楼阁",写材料这项工作也不是"闭门造车",因为材料内容必须建立在一定的基础事实之上,这些基础事实可能是前人的历史材料,其他单位的努力成果,我们在前段时间的工作经历,前辈留在硬盘里的文档数据,同事们留在记忆里的宝贵经验,也可能是我们亲身体验的一段回忆。

比如,写一篇调研报告,我们需要了解调研活动的进展、调研掌握的数据、调研发现的问题;写一篇工作汇报,我们需要掌握前期工作的情况、问题难点的表现、下一步的工作打算;写一篇先进事迹,我们需要明白这位先进人物的经历故事,至少要熟悉这个人是做什么的。没有这些素材,如何组织材料呢?

因此,收集好素材,便是要对上述所有相关信息进行回顾和梳理,才知道我们以前干了什么,现在做了什么,接下来要写什么。

对此,我们要先培养一些习惯。

2.1.1 培养定期整理的习惯

定期整理计算机里的各类文件资料,是一名"笔杆子"应有的工作习惯。长期写材料的人,计算机里很快就会积累起海量的资料

第 2 章 公文写作的基础
素材管理

文件。这些资料文件中,或许就隐藏着宝贵的素材,可能在某一次写材料的时候就会用到。但如果平时从来不对其加以整理,就很容易出现"书到用时方恨少"的窘境,让自己在浩瀚如海的资料文件中迷失了方向。

要养成定期整理资料的习惯,最重要的是把握住"定期"这种关键词。"笔杆子"的工作大都十分繁忙,一天到晚连轴转是常态,忙完之后身心俱疲,很容易忽视整理资料这种细碎的事情,甚至也没有时间去想这个问题。

但计算机里的资料素材如果没有被定期整理过,便会出现两个现象:一方面,资料素材的数量越来越多,甚至积累的速度还在不断加快;另一方面,面对越来越凌乱繁杂的资料数据,"不想整理"的情绪更重,"想偷懒"的想法也常常冒头。

小贴士 在互联网时代,大量文件的处理和流转都在手机上进行,手机办公也成为常态。于是,手机与计算机便形成了两套既紧密关联但又相互独立的文件系统,而且在存放介质上又显得"很遥远"。有些资料在计算机硬盘上,有些资料在 QQ 上,有些资料在微信里,有些资料在钉钉里,烦琐复杂。及时将手机上的重要文件转存到计算机上,再分门别类加以归类,也是我们平时需要培养的好习惯之一。

资料整理一般会遵循相应的规则,而这些规则本身也没有放之四海而皆准的套路,需要结合自己的岗位特点去探索和总结。笔者的经验之谈,可以有三种不同的方法。

1. 按照工作内容分类

这是最为常见的材料整理分类方法，也适用于绝大多数情况。特别是岗位所负责的工作类型较为庞杂，相互之间有较大的区别，内容上"泾渭分明"，那么按照这种分类方法可以更有效地加以管理。但是对于经常需要处理综合性事务的人员来说，可能许多工作之间并没有十分明确的界线，这种分类是否适用便需要多加考量。

2. 按照对口单位分类

材料用途各不相同，有些是呈送上级单位的，有些是发给下级单位的，还有一些是报向同级单位的。按照材料不同的用途加以分类，可以较好地梳理各项日常工作的主题和性质，对不同材料所适用的不同场合做好区分，方便素材的甄别和使用。这类方法适用于综合性比较强的文字岗位。

3. 按照材料文体分类

这种分类方法可以将相同文体的材料归纳在一起，方便寻找模板并套用格式，适用于以公文格式处理为主的办公室工作人员，特别是对负责文书制作收发工作的文员而言，可以及时找到适合的模板与套路。

值得一提的是，我们对具有潜在价值的素材资料，要养成复制粘贴的习惯，而不是剪切再粘贴。这主要是为了让历史资料能够得到更完善的保留与存档。不仅仅是材料文件本身，甚至是每一份材料的历史修改情况，最好都能保存好，以方便将来回顾和查询。

2.1.2 培养换位思考的习惯

"换位思考"这四个字，粗看似乎是职场上为人处世的一项原则和技巧，与"写材料"无关，但是实际上，要顺利收集到各类资

第 2 章 公文写作的基础
素材管理

料和数据,就必须要有这样的意识和姿态,能给他人少添麻烦就尽量少添麻烦。

为了更好地解释这个过程,我们先创设这么一个情景:

我们是县环境保护局(以下简称县环保局)的文秘人员,领导要求写一份关于地方环境污染整治工作的报告。这份报告所涉及的几项工作,分别由县自然资源和规划局(以下简称县资规局)、县水利局、县经济和信息化局(以下简称县经信局)负责。为了完成任务,我们便需要这些部门提供相应的素材和资料。

我们先从计算机里找到了关于这项工作的一些资料素材,对这份报告涉及的相关事项及其前因后果,都有了一定的了解。然后,我们也发现了报告涉及哪些具体工作,以及这些工作所对应的主管单位。

下一步,我们便需要与这些单位联系,争取它们的配合和支持。

于是我们便给县资规局、县水利局、县经信局等单位打电话或者发公函。但很快,我们发现了问题:对方不会在预定时间内回应我们的要求,可能会拖延,甚至也可能根本就不会搭理我们。

为什么呢?

首先,我们所代表的县环保局,虽然是这件事情的牵头单位,但实际上我们与其他单位是平级,不存在上下级关系。换言之,对方凭什么听我们的?

其次,在基层单位中,"事多人少"是每个单位的共性问题。换言之,大家都很忙,他们凭什么扔下手头的事情来帮我们呢?

最后,如果我们刚好是单位里的新人,或者刚刚接触这项工作,还没来得及"混个脸熟",也还没建立起人脉,那更加请不动其他单位的人了。换言之,他们跟我们不熟,凭什么这么配合我们呢?

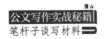

 岗位工作中的"人脉"很重要,这并非只是世俗眼光下的利益关联需要,还是完成日常工作的基础。大家千万不要以为写材料是一件可以"自力更生"的事情。无论体制内外,只要我们从事某一项工作,就不可避免地需要他人的支持,需要积累"人脉"。

这些问题的背后,就是一个很简单的道理:大家都很忙,各项工作事务按照轻重缓急排了顺序。在对方看来,为我们提供资料是一项"不算重要"的事情,优先度较低,所以经常被拖延,甚至被置之不理,最终不了了之。

这份材料对我们来说很重要,但是对其他单位的同人来说,我们这件事情根本轮不上号。在他们心里,可能只有一个念头:

我很忙,别来烦我!

所以,我们要顺利拿到资料,首先要摆正态度,学会换位思考,多站在他人的立场上考虑问题,减轻他人的负担,让其愿意提供帮助。

1. 有现成的就要拿现成的

很多新人为了完成自己的材料任务,一开口就要求其他单位针对某项工作写一份报告过来。但实际上,这种要求无论是带着多么恳切的言辞,或者是通过多么严肃的公函发出去,都很难得到好的结果。

因为"己所不欲,勿施于人",我们自己都知道写材料很辛苦,那人家凭什么为了我们的几句话,就跑去写材料呢?

所以,我们要清醒地认识到,自己以及自己的材料,在对方心中到底有"几斤几两"。无论如何,都不要以为别人会以我们为中心。

我们要养成一个习惯,有现成的就要拿现成的。不要请别人为

我们写什么材料,而是多问问别人:

关于某项工作,你们有没有现成的东西可供参考?

提供现成的东西,不过是让对方从计算机里寻找某个文件资料,相比让对方绞尽脑汁去写新的东西,可以算得上是举手之劳,更有可能得到对方的理解和支持。因此,这其实是一种减轻对方负担的方法。只有让对方感到轻松了,我们才能方便地拿到需要的素材。

需要注意的是,现成的素材往往还需要做好甄别和加工后,才能在文稿中使用。这点将在本章下文中说明。

2. 顺应对方的时间安排

要多问对方的便利时间,不要在对方忙碌的时候"逼人太甚",纠缠不休。这不会显得我们有多么尽忠职守,而只是让人产生厌恶心理罢了。特别是很多新人觉得领导交代给自己如此重要的任务,那么所有人都应当共同努力,为领导排忧解难。但实际上,周围的人袖手旁观的不少,抱着无所谓心态的也有,甚至等着看我们出丑的也大有人在。

因此,我们要尽可能地多问"现在是否有空""什么时候方便""下午再联系可以吗"等问题,千方百计地了解对方的时间安排。当对方确定方便的时间后,我们再去联系,对方便也不好意思再推托了。

我们也会因此给对方留下相对较好的印象,为今后的合作奠定基础。

3. 自己多动手

如果对方确实不愿意特意撰写一份材料,同时对方也表示确实没有现成的相关素材可以提供，那么我们便需要自己动手，"越俎代庖"，将他们所掌握的信息转化为成熟的文字材料。

我们可以通过电话交流或者面谈的形式，恳请对方就相关内容为我们做口头介绍，将他口头介绍的内容用纸笔记下，回去后进行加工和整理，从而将对方宝贵的记忆和经验，转化为自己的素材。

这一办法在实践中很有效。我们以虚怀若谷的心态向对方请教一项工作，对方只要有空闲时间，都会乐意向我们"传经送宝"。这不但有助于我们掌握"新鲜出炉"的第一手资料，同时也是加强和他们相互之间交流沟通的好机会。

需要注意的是，在与对方面对面交流之前，我们要先对这个具体问题有大概的了解，并且梳理出一些关键性的问题，再开展对话，才能取得预期的效果。反之，则有可能给对方留下"不专业""总是问些傻问题""跟你说话太累"等不良印象，给自己的工作添加不必要的麻烦。

上述三个方面的技巧，归纳而言之，便是一个主题：

不要让对方觉得麻烦，要尽可能地让对方在轻松愉悦之中满足我们的需要。

2.1.3　培养借助权威的习惯

正如前文所述，要不到资料素材的原因，大多是因为别人认为我们的事情不够重要，不愿意在百忙之中抽出空来。

但如果我们能够借助更加权威的力量，例如借助上级领导的命令要求，给对方增加压力，便会让我们在对方眼中显得更加重要一些。

有效的权威力量介入，可以使我们所提出的"支援请求"，在对方手头大量的工作之中"脱颖而出",让对方形成一种意识:原来这件事情,还是挺重要的,因为我的上级领导也开口说让我帮帮他。

只要有了这样的意识,对方便会放下其他工作,优先思考和处理我们的请求,态度也会相对更加认真。

权威力量的渠道比较多,但是作为单位里的一名普通新人,我们第一时间可以求助的权威力量,便是自己的上级领导。

我们向领导汇报情况,告知领导该材料需要某某单位提供关于某某方面的素材,而我们自己的协调力度有限,恳请领导帮忙出面协调。

一般情况下,我们的上级领导会与对方的上级领导进行沟通,再经由对方单位的领导下达指令,要求掌握资料素材的某某人尽快响应我们的诉求。这样一来,对方便会更加重视我们的请求,从而让我们收集素材的过程也更加顺利。

在这个过程中,我们会感受到,领导与领导之间的沟通,相比一线工作人员之间的沟通会更加顺畅。首先,在对方领导看来,这件事只是交代给下属的一句话,谈不上什么麻烦。其次,领导与领导之间可能会有更加紧密的人脉联系,也更愿意为对方提供便利。最后,上级领导看待问题会站在更高的高度,更习惯于从工作大局的角度出发,而不会仅仅关注眼前的这点忙碌。

要知道,如果我们是一名新人,可能与对方具体负责人员没什么交情可言,但我们的领导与对方的领导可能已经称兄道弟好多年。

因此,我们要习惯于在遇到困难的时候及时向领导请示。大部分情况下，领导都可以帮助我们解决这些棘手的问题，使材料的完成成为可能。

再次强调的是，作为文秘人员，千万不要怕领导，也不要害怕与领导做汇报沟通。各种信息的交换、分析与提炼，是一名"笔杆子"应当熟悉并且沉浸其中的工作环境。

 在公务员考录的面试环节，"万事决不问领导"的应对公式常常遭到吐槽。但现实工作中，多请示领导绝对不会错。特别是遇到问题的时候，绝不能藏着掖着，因为解决问题未必是我们的责任，但及时发现并报告问题，我们责无旁贷。

2.2 素材的取舍

如愿以偿地拿到了素材之后，我们也不能一股脑地全都运用进去，必须要对素材内容加以甄别。

也就是说，我们需要思考：哪些素材必须用，哪些素材可以用，哪些素材不能用。

有些新人拿到素材之后，不加思考，直接复制粘贴。这样写出来的材料，没有质量可言。更可怕的是，万一领导没时间去仔细审视材料的内容，直接就把这类材料拿去用，后果可能不堪设想。

所以，我们收集到素材之后，首先要对其加以甄别和筛选。

至于具体的甄选方法，那必然是要具体情况具体分析，没有一概而论的标准。但如果发现素材可能存在以下三种情形，就必须提高警惕，仔细做好甄别。

2.2.1 内容过时的素材

公文材料都具有时效性,其中信息简讯类公文更是以时效性为其根本价值所在。如果我们将过时的素材直接运用到文稿里,便导致材料本身也会不合时宜。

因此,在使用资料和素材的时候,要根据工作进展情况,查看资料和素材里的内容是否已经过时。

不合时宜的问题可大可小,有些单位领导没有时间仔细审核材料的内容,或者他们自己也未必能发现一些过时的问题。我们有责任帮助领导做好这一项把关工作。

那么,哪些素材可能会存在过时风险呢?

1. 当前内容与预先计划不符

如果某项工作的素材内容停留在上一个时间节点,则这些内容就存在着较大的过时风险。特别是这些工作如果原先有时序计划的,我们可以对照这些时序计划,审视手头的素材内容是否过时。比如,某项工作具有比较严谨的方案规划和时序安排,但当前素材时间跳过了预先计划的某一个节点,则意味着很有可能已经过时,需要仔细核对校正。

案例

某项主题教育活动,原计划在 3 月广泛征求意见,在 5 月召开民主生活会。我们在 7 月撰写综合总结汇报的时候,发现关于该项活动的素材,仅仅包括 3 月意见征求阶段的内容,并没有涉及民主生活会等后续环节的内容。这意味着这份素材的时间节点未能及时更新,信息可能有遗漏,存在过时的风险。

2. 当前状况与推进力度不符

某项工作时常有领导跟踪督促，也深受上级部门关注。由于受关注度高，工作推动力度相对较大，这类工作的进度更新状况也会比较频繁。反映这些工作进展的素材如果较长时间内都没有变化或者更新，则需要关注这类素材内容是否过时。

案例

上级各项督查考核指出的问题，一般都需要在极短时间内予以处理并反馈。而且此类工作往往会得到主要领导的高度重视，尽可能地调动资源力量，以保障整改的顺利推进，并且在时限要求内完成。但如果我们的素材对整改情况的描述还停留在较早的时间节点，便意味着信息可能已经有所延误。

3. 当前进度与节点设置不符

某项工作时间节点繁多，几乎每隔几天都有一些重要的节点设置，而且这类节点说明都比较简明扼要，则说明此类工作的过时问题会比较明显，也意味着相对容易暴露。对此类素材，我们便需要"按图索骥"，仔细核对和分析素材内容是否错过了节点，筛选出其中可能存在的过时问题。

案例

随着行政审批改革的推进，一些地区的项目审批事项已经集中到短短数十天之内，审批节奏很快，时间节点设置十分细致。这意味着项目进度每隔几天便有重要的节点更新。我们在收集关于这类项目审批进度的素材时，更需要关注其中是否存在过时的问题。

2.2.2 自相矛盾的素材

撰写一份综合材料，可能需要搜集各个地区、各个单位、各个部门的素材，提炼整合它们的信息，才能完成自己的综合材料。这也是我们收集和整理素材的初衷。但是在我们到处搜集的这些素材中，很可能会有一些信息间的矛盾和冲突，导致综合材料本身的中心思想受到影响。如果不加以分析而直接使用这些素材，有可能会导致整个材料自相矛盾，不知所云。

一般而言，单位内部的综合材料整合自内部各部门，材料内容一般较少出现这类矛盾纠纷问题。因为都是"一家人"，只要将各项工作按照一定框架予以整合，便可以保持整个材料在思想主题上的一致性。

但如果综合材料涉及各个不同地区或者不同单位，那么我们便需要提高警惕，注意这些素材资料之间的内容是否存在矛盾冲突。

案例

某县卫生健康局（以下简称县卫健局）拟向领导提交一份综合材料，主题是关于加快全县医疗卫生项目建设。在内容方面，该局根据项目建设实际需要，提出了应当加强财政投入和保障，以解决资金供应问题。为此，该局还特意在材料里设置了关于财政保障的章节。为了完成这一章节，该局与县财政局进行沟通，希望对方提供这方面的资料和素材，帮助完善这一章节的内容。但是在县财政局提供的素材里，却提出要适当放缓财政资金的投入力度，确保政府负债率可控性。

上文案例存在典型的素材矛盾冲突问题。从客观上看，两者都有一定的道理，但是在内容上却存在着矛盾冲突。这种矛盾冲突是因为不同职能单位站在不同的角度和立场，对同一个问题形成的不同观点和诉求。两者都有其正确可取的地方，但是从这份综合材料本身的需求来看，县财政局提供的资料素材与县卫健局的主题思想是不一致的。所以，县卫健局绝不能直接套用，而是需要对县财政局提供的素材加以甄别取舍。

可见，"取其精华，去其糟粕"是我们在整理素材中应当注意的原则。对于其他单位所提供的资料素材，我们满怀谢意，也备感珍惜，但我们也要擦亮眼睛，一旦发现这些素材对我们的综合材料"有害无益"，便要果断舍弃，绝不能因小失大。

这是一名"笔杆子"应有的审慎态度。

2.2.3　不合时宜的素材

正如第 1 章所述，材料的目的是一项关键因素，决定了材料应该如何写。我们在整理素材的时候，也应当注意素材的内容与我们材料的目的是否不相符合、不合时宜。

1. 素材中的敏感内容

单位内部的一些状况，如果能够在内部解决的，就不适宜在外部场合汇报。自己县里面的一些问题，如果可以在本县职权范围内协调，便不适宜在上级检查督查的时候讲。工作流程上的一些细节处理，可以在操作层面进行讨论分析，但不适宜在面上汇报的时候作为重点。

这些敏感内容，主要有以下两个特点。

一个特点，它们往往是内部的事情，应当由内部妥善处理，而不是指望外人或者上级来解决。另一个特点，它们往往是一些负面信息，比如哪里有困难，哪里有问题，哪里有缺陷，等等。

这些敏感内容我们特别要注意。假如自己无法判断，也应当予以标注，并及时向领导请示。

2. 素材中的适度问题

别人提供的素材，可能是在其他场合用过的现成材料，符合其他场合的情况和要求，但未必符合我们的目的和要求。

另外，别人提供的素材如果是"现写"的，他站在自己的角度去考虑问题，同样会影响素材的内容。

案例

某副市长准备向上级领导汇报半年度城建工作情况，其中有一部分关于城中村拆迁的内容。该副市长的秘书要求市住房与城乡建设（规划）局（以下称市建局）按照要求提供资料，市住建局具体负责的工作人员考虑到该项工作全部由本科室承担，就提供了现成的科室总结。这份科室总结大谈特谈了该科室是如何加班加点、任劳任怨去完成拆迁任务的。这份素材作为科室总结没有太大问题，但直接作为副市长汇报材料的一部分，则完全不合时宜。

在本书的第 3 章，我们还将介绍公文的适度原则，也就是公文写作的角度、高度和深度等特性。素材中的适度问题，在根本上也是因为其自身的角度、高度或深度，与我们材料的目的不相匹配，需要我们在整合的时候加以调整。

2.3 素材的运用

收集了素材,也对素材做了甄别取舍,接下来便是素材运用环节。如果前面两个步骤都做到位了,运用环节自然也就水到渠成。但即使如此,我们也不能掉以轻心,仍然需要注意一些容易出现的问题和失误。

2.3.1 注意整体平衡

我们写材料离不开素材,但我们也不能将素材看得太高,避免"喧宾夺主"。

拿到手的素材,又经过了甄别整理,我们会觉得付出了很多,总要将它们充分利用上,才能对得起前期的投入。如果抱着这种想法,便成了素材的"奴隶",被素材所累,而忘了素材本身是为材料服务的。我们一切的努力都是为了材料本身的质量,素材如果对材料本身存在负面影响,那必须要果断忍痛割爱。

在综合性材料中,最常见的问题便是篇幅失衡。比如我们一份材料需要整合来自五个方面的素材,而这五个不同部门所提供的素材内容详略不同,视角各异,重点方向也有所差别。虽然这些素材都可运用,但在具体使用环节上,还应当注意平衡。

最常见的例子,是不同素材之间的篇幅差距过大。比如这五个部门的素材,有的可能只有一两页纸,有的可能会洋洋洒洒数千言。如果生拼硬凑,则会使文稿篇幅失去平衡,某一部分特别复杂而详细,其他部分却十分简略,给人造成十分奇怪的观感。

案例

某县农业农村局撰写一份关于农业经济的综合材料，认为当前全县农业经济发展主要面临着土地管理手段落后、水利设施不够完善、公路运输能力偏弱等三个问题。为此，该局分别与县资规局、县水利局和县交通局联系，要求它们针对各自问题，提供一段话作为素材。结果，县资规局和县水利局的素材大概半页纸，而县交通局的素材却洋洋洒洒数千字，从县域交通网络的历史，一直分析到农村公路的设计验收问题。如果直接照搬，便造成了综合材料内部的篇幅严重失衡。

另外，我们也要注意素材在侧重点上的不同。有些素材可能会突出最终的成果总结与展示，有些素材可能会突出过程的做法举措，有些素材则更多地讲出现的问题和困难，我们应当根据自己文稿的需要，确定整篇文稿应该偏重哪个方面，进而有目的地对素材加以梳理选择，确保平衡与统一。

2.3.2 注意语言表述

来自不同方面的素材，会因为不同单位或部门的文书风格、不同主笔人的行文习惯、不同历史场合的遗留痕迹等，在文字等细节的表述上有所差别。

这些差别可能十分细微，但却会在无意中降低我们文稿的总体质量，造成文稿本身不够专业、不够仔细、不够精致。

这类表述问题容易出现在以下三个地方。

1. 关键的口号目标

从宏观角度看，无论是中央层面，抑或是各地各级党委政府层面，都会有一些比较响亮的发展战略口号，以统领各条线上的工作。从微观角度看，一些工作本身也会有上级领导提出的目标要求。越重要的材料，就越要保证这些口号与目标是正确的，符合上级的决策思路，而绝不能"自成一套"。

案例

某县于2013年提出要全力推进工业项目招商活动，打造县级中心工业园，并提出了打造"某某产业大县"的目标。2016年，由于上级产业政策的调整，该产业门类的招商活动不再提倡，"某某产业大县"的口号也不再提倡。但是在2017年度县政府某次会议上，某部门领导的汇报发言中，仍然强调要以"某某产业大县"为指导目标，被县政府领导当场批评。

但我们很可能会遇到一些素材，对这些口号目标把握不准确，从而造成误导。这既有主观的原因也有客观的因素。从主观角度看，有些单位的文秘人员可能对这类信息接触较少，平时也关注不多，在材料中有点"随心所欲"，也就是我们常说的"缺乏政治敏感性"。从客观角度看，一些工作因为客观条件发生了变化，或者上级领导的决策思路有了调整，其口号目标也随之改变。特别是有些重要事务的目标转变太快，确实难以把握。

对此，我们作为一名"笔杆子"，必须要紧跟上级决策思路，对这类关键口号目标要有清醒的认识。同时，注意不要被素材里错误的表述"带偏"，要仔细审查，做出准确的判断。

2. 重要的数字格式

数据是材料内容的重要组成部分，是表达各个观点不可或缺的支撑论据。近年来，各级领导干部越来越关注数据在综合材料里的作用，推崇用数据说话、用数据分析、用数据评价。因此，日常工作中的文字材料也渐渐离不开复杂的数据体系，各类数字及其格式的严谨美观也显得更加重要。

如果我们所使用的数据基本来自素材，而不同素材中的数据格式各有不同，那我们就需要做出规范化的处理。

比如，涉及金额的，可能按照不同单位的使用惯例，会有万元、亿元、美元等表述方法，需要我们在统稿的时候进行调整和统一。

比如，涉及土地的，可能按照不同岗位的侧重因素，会有亩、公顷、平方公里等数字单位，需要我们在统稿的时候加以换算。

比如，涉及产值的，可能按照不同语境的分析要求，会有环比、同比、增速环比、增速同比等角度，需要我们在统稿的时候做出选择。

所以，在拿到素材之后，我们要认真关注这类涉及数字的细节问题，使文稿更加精细化。

近年来，领导干部对数据的敏感性日益增强，"言必称数据"的习惯蔚然成风，谈事情的时候，能做到各类数据"脱口而出"，便容易赢得他人的信任和尊重。建议各位读者培养对数据的敏感性，将与工作相关的重要数据装在脑子里。领导随时提问，我们随时用数据回答，结合数据来分析，提出有数据支撑的目标，这才是新时代优秀年轻干部应有的专业风采。

3. 文字的表达风格

不同的素材出自不同人的手笔，在文字表达习惯和表达方式上可能会有一些差异。

这些差异性在大部分情况下不会引人注意，但站在精益求精的角度，我们还是需要将文稿的文字表达做统一化的处理。

处理方式也较为简单，对文字通读一遍，觉得哪些地方看着"不爽""不舒服""不顺眼"，再修改一遍。

这种"霸气"的修改方式，并不意味着我们自己的文笔比素材提供者要好，也不意味着修改后的文字比修改前的更加精练。只不过是我们作为最后的统稿者，理应对文稿的统一性负责，确保文字表达风格一致。

当然，在修改过程中，我们也可以学习他人的特点和长处，了解他人写材料的方法和技巧。无论如何，博采众长也是我们推动自我进步的一种方式。

2.3.3　注意专业术语

前面部分已经提及，我们需要对素材加以甄别和改动，以实现文稿内容的完整和形式的统一，并解决掉一些整合过程中的问题。但是在甄别和改动的时候，我们可能会不小心改变了素材本来的意思，在不知不觉中出现了"曲解"的问题。这种"曲解"的现象，特别容易出现在一些专业性强的领域。

◎ 案例

某街道城建办向街道党政办报送素材，说明本年度建设"截污纳管"20公里。街道党政办在整合素材并撰写街道年度总结的时候,为了凑"×张网"的工整标题,直接将"建设截污纳管20公里"改成了"建设污水管网20公里"。"截污纳管"和"污水管网"不是一个概念,素材的原意被"曲解"了。

  对于此类问题,提升自我的专业素养是最根本的解决方法。随着工作经验的不断积累,我们对其他工作的认识和了解程度会不断加深,对此类问题的控制能力也会增强。从这个角度看,不断学习充实自己,不要不懂装懂,也是"笔杆子"应当坚持不懈的自我修炼。

  但如果短期内,确实无法掌握这些专业知识的,也可以采取一些较为稳妥的方法。对专业内容"原封不动"地照搬是一种保守的策略,即在自己确实不懂的前提下,将专业内容原汁原味地传达出来。但如果确实要进行调整和更改,那么我们可以在完成文稿之后向素材提供者再确认一下,以确定调整或者更改后的表述是否合理。尤其是对一些专业性比较强的内容,我们可以向提供素材的人员再次确认,征询他们的意见,确保素材的原意不被"曲解"。

第3章

公文写作的立场
适度原则

公文材料在本质上是代表某个单位或者个人，就某件事情"开口说话"。因此，它也要把握好"说话"的立场，要做到干练、得体、优雅。

本章主要介绍公文写作的立场问题，即公文的适度原则。

第3章 公文写作的立场
适度原则

3.1 角度：站在什么样的立场"说话"

在第1章里面，我们讨论了公文写作应当围绕其"目的"进行，而"目的"体现在公文写作的实践中，便是文章"说话"的角度。同一件事情，从不同的角度出发，可以总结出不同的经验，发掘出不同的亮点，得出不同的结论。从什么样的角度切入，需要根据公文的目的而定。因此，角度问题是公文"目的"要素的实践运用。

3.1.1 什么是角度变化

公文的角度，指的是我们站在什么样的立场去"说话"。

因为不同的目的，考虑到不同的场合，公文会有不同的角度变化，虽然微妙但也大有玄机。

我们先看一则简单的实例：

甲县素以生态环境优美著称，是贯彻"绿水青山就是金山银山"思想的示范地区。乙县党校组织代表团前往甲县学习考察，由甲县党校接待并安排行程。事后，两家党校均各自撰写了工作信息。

在上述实例中，两家党校的工作信息便有所不同。

乙县党校的工作信息主要脉络如下：

某月某日，我县党校组织党政代表团赴甲县开展某某专题考察调研活动。

在考察期间,我县代表团认真学习了甲县工作经验。(略)

考察结束后,代表团表示将进一步领会"绿水青山就是金山银山"的发展理念,认真总结先进经验做法,结合我县实际,深入谋划今后发展思路。(略)

甲县党校的工作信息主要脉络如下:

某月某日,我县党校接待乙县党政代表团一行。

近年来,我县深入贯彻"绿水青山就是金山银山"思想,明确发展思路,形成了健康可持续的发展格局。(略)

在此次接待考察调研工作中,我校采取四项举措落实接待工作。(略)

上述两篇信息针对的是同一件事,但两家党校撰写的工作信息却有很大区别。其中最根本的不同是什么呢?

答案必然是:角度不同。

甲县党校的信息站在接待者角度,着重突出了本地区贯彻"绿水青山就是金山银山"战略的成就,其角度是:"我们生态环境建设很有成效,吸引了外地参观者。我们作为接待方准备的很周到,一切很顺利。"

乙县党校的信息站在考察者角度,着重突出了学习活动很有成效,其角度是:"我们学习很认真,收获很丰富,未来我们也会做得更好。"

同一件事因为角度不同,形成了两篇完全不同的信息简讯。如果我们弄不清楚文稿的角度,"张冠李戴",那写出的东西自然贻笑大方。

公文的角度还决定了文稿遣词造句的方法。针对同一件事,我们从不同角度切入,会形成不同的说辞,甚至也会形成完全不同的文稿。

我们再看一则实例:

第3章 公文写作的立场
适度原则

某局工作人员因为违反劳动纪律,被纪检部门通报批评。该局要同时撰写两份材料,一份材料报送区纪委,另一份材料则在局机关内部通报。两份材料均围绕同一件事,但是行文则截然不同。

报送纪委的材料脉络如下:

县纪委:

我局工作人员某某因某某事项被通报。

此次事件充分说明,我局在推动党风廉政建设和执行工作纪律方面存在一定的不足。(略)

对此,我局将引以为戒,并在今后采取以下三项整改举措。(略)

内部通报的材料脉络如下:

各科室:

某月某日,我局某某科工作人员某某,因某某事项被区纪委通报。

全局工作人员应引以为戒,认真执行工作纪律。为进一步加强日常纪律管理,各科室重点落实三项制度要求。(略)

从上述两篇材料可以看出,从不同角度撰写的材料,在内容上会有极大的差异。

前者是"由内而外",立足于单位整体,向对方报告事件内容以及处置手段,目的是说明单位整体上的反思和对策。

后者是"由外而内",先讲述外部对这件事的反应,再向内部通报情况,并提出工作要求,目的是对内部布置一些工作任务。

由此可见,角度问题的背后,是公文"目的"因素的影响。因为不同公文出于不同的"目的",谈事情的角度也会有所不同,反映在材料中就有了明显的区别。在实践中,同一件事可能会在不同的场合被反复提及,而每一次提及的时候,我们都需要注意不同场合下的不同目的,以及这些"目的"对材料"角度"造成的影响。

3.1.2　角度变化的实例说明

不同目的带来了不同的角度，如何判断角度，以及如何从正确的角度出发撰写材料，决定了我们写出的文字材料是否能用。

只有准确判断出目的，才能选择好角度。因此，对公文角度的判断，归根到底，是在准确把握"目的"的前提下，对材料立场做出正确的判断。

正如前文所述，公文材料在本质上是站在某个立场上"说话"，我们既要保证自己"说出的话"能够达到预期的目的，同时也要保证这些"话"符合我们的角色定位。这两者结合起来，便是我们确定公文写作角度的思路。

对于每一位"笔杆子"来说，找准角度就意味着我们要"超越自我"去看待问题。因为大部分的文字材料，并不是站在我们"自己"这个个体角度，而是站在部门角度、单位角度或者地方角度，去组织语言和文字。

所以，我们的角度首先不是个人的角度。

　　当然，也有一部分文字材料是确确实实站在个人角度的，比如个人总结、心得体会、剖析材料等。

既然不是个人角度，我们就要明白手头的这份材料是出于什么目的去写的，从而判断出自己应该站在什么立场说什么话。

我们以一系列实例进行串联展示：

某县市场监管局对农贸市场现状进行专题巡查，发现了一些问题，做了分析，并提出相应对策。目前巡查活动已经结束，现作为具体负责科室的一名科员，着手撰写相关材料。

第一步,我们要向局机关领导汇报。

在经过素材收集和资料整理之后,我们站在科室的角度,结合这项工作的开展情况,撰写了第一份材料。

关于农贸市场专题巡查情况的报告

某月某日,我科室根据领导指示,对我县农贸市场建设情况进行专题巡查,现将相关情况汇报如下:

一、专题巡查工作情况

为确保此次检查工作顺利进行,我科室采取三项举措,克服任务重、时间急、人手少的问题,确保完成了专项巡查任务。

一是突出重点任务。(略)

二是优化时序安排。(略)

三是做好后勤保障。(略)

二、我县农贸市场运行情况

经过对全县×家农贸市场的巡查后发现,总体情况良好。同时,在农贸市场管理方面也存在着几个方面的问题。

一是规划布局有待优化。(略)

二是改造升级步伐滞后。(略)

三是投入机制仍需完善。(略)

四是监管力量较为薄弱。(略)

三、优化农贸市场管理的对策建议

针对上述四个方面的问题,提出以下四点对策建议。

一是对接资规单位,优化空间布局。(略)

二是协调住建部门,加快改造进度。(略)

三是争取财政支持,拓展投入渠道。(略)

四是强化科室力量,加大人员配备。(略)

这份材料是站在科室角度,汇报前期工作的开展情况。

第一部分，强调科室为了完成这项工作所采取的举措，包括突出重点任务、优化时序安排、做好后勤保障等。

第二部分，分析了农贸市场管理体系的问题和不足，主要可以归纳为规划布局、改造建设、资金投入、日常监管四个方面。

第三部分是在第二部分问题的基础上，提出了相应的对策，为局机关领导提供参考。

这份材料的典型特点，是站在科室角度去分析和看待问题。开头部分，直接向领导报告科室在执行领导决策时的果断和高效，既说明科室为这项工作付出了心血和努力，也突出了科室的辛勤工作以及所取得的成果，还展现了科室在处理复杂任务时的能力和水平，树立科室的正面形象。中间部分"就事论事"地分析了问题，既有外部原因，也有内部原因。最后的对策部分则建议领导代表县市场监管局，与资规、住建、财政等部门加强联动，并恳请领导考虑加强本科室的力量配备。

现在我们来看第二份材料。

局领导在听取科室汇报之后，认为事关重大，需要向县领导做汇报。于是，便要求我们在原材料的基础上，整理出一份给县领导汇报用的稿件。

于是，我们根据第一稿的内容，整理了第二份汇报稿。大概内容如下：

关于我县农贸市场管理运行情况的巡查报告

某月某日至某月某日，我局组织对全县农贸市场运营情况进行了专题巡查，并形成以下报告：

一、我县农贸市场运营基本情况

目前，我县农贸市场共×家，营业面积××平方米，门市××个，摊位××个，年营业额约××，解决就业人数××。（略）

二、我县农贸市场管理的成效

前期，在县委、县政府的正确领导下，我局不断完善农贸市场管理体系，取得了良好的成效。具体表现在四个方面。

一是运营机制日趋完善。（略）

二是日常管理严格到位。（略）

三是外部环境持续优化。（略）

四是品牌效益不断提升。（略）

三、我县农贸市场管理存在的问题

目前，我县农贸市场管理还存在着三个方面的问题。

一是规划布局有待优化。（略）

二是改造升级步伐滞后。（略）

三是投入机制仍需完善。（略）

四、优化农贸市场管理的对策建议

针对上述三个方面的问题，提出以下三点对策建议。

一是优化空间规划布局。（略）

二是加快改造项目进度。（略）

三是拓展财政投入渠道。（略）

相比第一份材料而言，第二份材料的叙事角度便从科室转变为局机关，材料的立场也从县市监局下属的一个科室，调整到了市监局整体的角度。

可以发现，两份材料有几个明显的区别。

首先，对科室的工作情况进行删减。第一份材料，我们站在科室角度讲本科室的工作情况，是回应局领导工作部署的一种方式。撰写科室的工作情况，既可以让领导了解我们的努力和付出，也有利于领导了解具体事务的执行情况。第二份材料，是站在向县领导汇报的层面，从全局角度出发，主题也放在了如何调动全县资源去解决农贸市场的问题。至于科室在这项工作方面的情况，是我们单位内部的格局和问题，一般情况下没有必要向县领导做汇报。

其次，增加了对基本情况的说明。第一份材料用于局机关内部的讨论，在场人员无论是局领导，还是科室负责人，对全县农贸市场的基本情况都有一定程度的了解，相互之间是"行内人"的对话，可以不再重复基本数据。但是当我们代表局机关向县领导做汇报的时候，则由"行内人"之间的对话，转变为"行内人"向"行外人"介绍情况，上述基本数据也有了全面展现的必要性。

再次，突出了对管理成效的展示。与局机关内部讨论相比，县领导对农贸市场的情况未必十分熟悉，对现有工作格局也可能了解不多。增加这一部分内容，有助于领导形成对该项工作的认识，为下一步顺利汇报奠定基础。同时，也可以借此机会回顾本单位在此项工作中的前期成果，形成过去的工作成果篇章。

最后，注意与其他单位的关系定位。在局机关内部汇报的场合下，听汇报的是局领导，其代表的是县市监局，与报告里提到的资规、住建、财政等部门是平级关系。所以科室提出的对策，均是建议局领导与外部单位进行"沟通""对接""争取支持"等，符合这种平等的关系。但是在向县领导汇报的场合下，听汇报的人是县领导，其代表的是县政府，同时也是资规、住建、财政等单位的上级，可以直接对其下达命令。所以材料中提出的对策，均是建议县领导"要求"下级各单位做好的相关工作，折射出的是上下级的关系。

由此可见，角度问题给文稿带来了重大变化。在实践中，我们要认真对待文稿的"目的"，梳理清楚在什么样的场合以及站在什么样的角度，才能让自己"说出正确的话"。

延续上面的实例,各位读者可以继续思考:如果要将这项工作写入科室负责人的个人年度总结之中,我们又应该做出什么样的角度调整呢?

3.2 高度:为什么总是说我"高度不够"

材料的"高度"是新人最为头疼的问题,甚至也困扰着一些经验丰富的"笔杆子"。

一方面,领导经常说我们的材料"高度不够",要求我们对材料进行反复修改。另一方面,大部分新手对"高度"这个概念是"一头雾水",搞不清楚领导到底是对什么不满意,也不明白所谓的"高度"到底是指什么东西。这个问题经常折磨着我们,让我们无所适从,找不到改进的方向。

3.2.1 "高度"到底是什么

公文的"高度"没有严谨规范的概念解析,各家都有各家的道理,但实际上大多也仅仅是经验之谈。

我们认为,公文的高度从经验角度概括,可以凝练为一个简单而重要的问题:这份材料是否体现出了领导的水平。

随着经验的积累,我们会发现,领导只对一部分材料提出高度的要求,对有些材料却从不考虑高度的事情,或者说很少考虑这个问题。比如,向上级领导做汇报用的讲话稿、大型会议上的发言稿、重要活动上的致辞等,领导对这类稿件会反复强调"高度"的问题,不厌其烦地推敲琢磨。而另外一些材料,诸如信息简讯、心得体会、剖析整改等材料，领导很少过问或者说很少关注"高度"方面的问题。

这背后的道理显而易见。前一类型的材料会用在比较重要的场合，我们的领导无论是在上级面前展现能力水平，还是在下属面前树立个人形象，都有赖于这些材料的支撑。只有听众或者读者认为材料是"有水平"的，那么我们的领导才会获得"有能力"的评价。与之相对应的后一类型材料，则没有那么重要的作用，其本身更加偏向于日常工作的处理，或者说，它们与领导的个人形象或能力评价并没有那么强的关联性。

因此，所谓的"高度"，是评价材料质量的一项重要指标，同时也会在很大程度上影响领导能力形象的外在表现。当领导批评我们的材料没有"高度"的时候，并不意味着材料哪里"写错了"，而只是领导认为这份材料没能体现出他应有的水平。

一些重要场合的领导讲话发言稿，并不是单纯完成任务，还是"文以咏志"的一种形式。我们除了要说清楚事情，还要了解领导的意图和想法，明白领导的期望，清晰地反映出领导的思路，确保材料质量配得上领导的水平。

可见，文稿想有什么样的高度，其实取决于领导想获得什么样的外部评价。作为"笔杆子"，我们的任务便是通过材料，尽可能地体现出领导的水平和能力。

这也是"高度"一词的玄机所在，同时也给了我们判断"高度"的原则和方向。简而言之，"你这材料的高度不够"这句话的内在含义，是"你写的材料没有将我的真实水平反映出来"。

那么一名领导应该有哪些水平呢？这个问题的答案，也就是我们对材料高度的判断标准。所以我们说：公文写作的功夫，大多在写作这件事情之外所得。

3.2.2　评价高度的第一指标：大局观念

领导干部应具有的大局观，是对某项工作在全局中的定位能够做出正确判断，善于把握和分析大局。在材料中，我们需要通过精准的分析定位，将材料中的工作任务与背后的宏观大局相结合，突出该项工作在全局中的定位和作用。

我们举两个实例来说明。

背景：某市召开市委扩大会议，市委书记在会上做重要讲话。讲话的某一章节提到某项金融工作，并在该章节的开头强调该项工作的重要性。现有两位秘书分别草拟了发言稿，其中章节开头如下：

第一篇：做好某金融工作，是落实上级领导工作部署的重要举措，也是完成今年年度考核任务的关键环节，更是弥补我市金融工作短板的必要手段……

第二篇：做好某金融工作，是学习贯彻"金融是现代经济的核心，是国家重要的核心竞争力"重要精神的关键环节，也是落实省委、省政府打造金融强省重要战略的有力举措，对加快我市经济新旧动能转换具有决定性的作用……

第一篇的视野相对狭窄，将一项重要工作套上了"上级逼着我们干我们只好去干"的思维模式，显然无法体现出领导干部的主观能动性。

第二篇则将这项工作结合中央精神、全省战略和全市发展来衡量，更能体现出领导干部的政治理论意识和大局眼光。

我们可以想象，市委书记讲出这两句话的时候，哪句话会给人留下"我们的书记水平真高"这样的印象。这个问题的答案，同时也是这两篇发言稿"高度"的区别。

所以，这里的"高度"考验我们的大局观念，考验我们是否有能力将公文的主题内容与"高大上"的思想、理论或者战略方针结合起来。以往"就事论事"的方式，在这类场合往往会让人觉得眼光太短浅，所以会被称为"高度不够"，难以展现出领导干部的水平。

> **小贴士**　当然，对"高度"的把握也需要具体情况具体分析。前述实例里这样有"高度"的讲话稿，如果放在一次普通的专题讨论会上，就显得过于"兴师动众"了，有可能会让人觉得领导只会空谈，不切实际。但"巧妙"的是，领导对普通专题会议的发言稿，一般也不会提出"要有高度"的要求。

3.2.3　评价高度的第二指标：系统意识

领导干部应当善于运用系统性眼光看待问题，能够驾驭庞大而严密的体系，整合各方面的资源力量，去解决实际问题。在材料中，是否有"高度"也体现在我们能否周到地谋划事务，充分考虑到各方面的身份和角色，并做出正确的安排和统筹。

如果一名领导干部在某些重要场合的讲话中出现谋划不周的问题，漏掉了应该部署和强调的事务，便可能会给具体工作的开展带来不利。所以，领导会十分关注某件事情做得"细致不细致"，

第 3 章 公文写作的立场
适度原则

而这种细致的要求,以及满足细致要求所必需的周到考量和安排,便体现出了我们文稿的"高度"。

下面举一则实例说明。

某县成立了全市第一家养老服务行业协会,分管副县长参加成立仪式,并在仪式上致辞。其中,有一段对在场各方代表的致谢。

现有两位秘书分别草拟了致谢词如下。

第一篇:在此,我向每一位参与这项工作的同志,表示衷心的感谢,感谢你们的辛勤努力和无私奉献,才使协会得以顺利成立。

第二篇:我谨代表县委、县政府向关心和支持该项工作的省、市领导,向给予帮助和指导的市级相关部门,向广大支持我县养老事业发展的社会各界人士,表示由衷的感谢!同时,也向我县奋战在养老服务工作的干部职工,致以崇高的敬意!

上述两篇致谢词给人的感受是不一样的。在不考虑行文风格和抒情表达的前提下,第一篇致谢词虽然没有错误,但却显得相对"敷衍",给人留下了领导对具体细节关注不够,只是过来"走完程序"这样的印象。

第二篇致谢词则充分照顾到了上级领导和部门、社会人士以及具体承担该项工作的干部职工,向所有在场人员都表达了谢意。同时,还展现出了领导本人对这项工作的熟悉程度,从而说明领导对此十分重视,也系统性地了解了该项工作得以完成的前因后果。另外,在口头表达的环节,第二篇致谢词也会给人一种"从容不迫"的感受。

由此可见,"高度"问题并不是"对与错"的问题,而是"多与少""好与差""大与小"的问题。

文字材料是否具备系统性的视角,还关系着具体工作事务的推进是否顺利。特别是一些主要领导关于任务部署、工作谋划、分工安排的重要讲话,都有赖于我们在材料中充分考虑,科学地整合各部门、各单位、各地区的资源力量,帮助领导"查漏补缺"。如果缺乏这种系统性的意识和能力,则容易影响工作合力的形成和发挥。比如,在布置工作的时候,因为疏忽而遗漏了对某个关键部门进行任务安排,会给今后的工作推进带来不可预测的负面影响。

小贴士 为什么领导讲话是"重要讲话"?因为他说了什么、没有说什么、怎么说的,都关系着一件工作的推进情况。许多工作事务需要通过领导的口,布置到各个单位去,明确他们的职责所在。如果领导讲话的时候漏掉了,忘了布置,那么这个单位很可能就缺乏做这件事的主动性。

我们为领导撰写的重要稿件,就必须要时时刻刻地注意这类系统性的问题,既要考虑到方方面面的事务,又要深入具体细节,可谓"事无巨细"都要做到"万无一失"。只有如此,我们文稿的"高度"才能有所体现。

3.2.4 评价高度的第三指标:归纳能力

领导干部应当统筹全局,对复杂问题做到提纲挈领,抓住重点,清晰地分析出前因后果。这种能力表现在公文材料中,就需要我们对客观事物有着较强的归纳总结能力,将零散的事务,整合成严密而精致的框架。

第3章 公文写作的立场
适度原则

在一些综合性的大材料之中，我们会从多个角度去分析材料的主题内容，总结出多个问题，并相对应地提出若干项对策建议，形成庞大、复杂但又严密的逻辑关系。要搭建起这样复杂的文章结构，我们就应当对纷繁复杂的问题进行整合与梳理，从不同的角度，按照合理的层次做好归纳，从而使文稿从杂乱无章变成井井有条。

> **小贴士**
>
> 领导讲话的内容结构都会比较复杂。从"一、二、三"这样的一级标题，再到中间的"（一）、（二）、（三）"这样的二级标题，最后再到最小的"1、2、3"这样的三级标题，其中还会穿插一是、二是、三是等分类描述。所以，我们可能会听到领导说出"这是我想讲的第一大点的第二个重点的第三个注意点"之类的"雷人之语"，从侧面说明了综合材料的复杂性以及对逻辑严密程度的高要求。

我们分析一篇材料是杂乱的，还是有条理的，有很多主客观的评判标准。为形象说明评判标准和过程，我们通过下文的实例做分析。

背景：某市政府召开专题会议，研究人才引进工作。根据会议要求，拟撰写一篇以人才工作为主题的分析报告。

现有两位秘书分别草拟了报告，下面是关于人才工作存在的问题和困难这一章节的内容。

第一篇：
当前，我市人才引进工作还存在着八个方面的问题：
一是部门职责不清晰。（略）
二是政策优惠措施不足。（略）

三是人居环境吸引力弱。（略）

四是创业氛围不够浓郁。（略）

五是配套社会保障措施不足。（略）

六是人才引进渠道狭窄。（略）

七是现有产业缺乏人才吸纳岗位。（略）

八是工作队伍建设存在缺陷。（略）

第二篇：

当前，我市人才引进工作还存在着三个"不足"：

一、产业支撑能力不足

一方面，现有产业缺乏足够的吸纳岗位。（略）

另一方面，新兴产业的创业氛围不够浓郁。（略）

二、城市竞争优势不足

一是人居环境吸引能力较弱。（略）

二是社保配套体系存在缺陷。（略）

三是引才政策措施有待完善。（略）

三、人才工作机制不足

一是部门职责定位不清晰。（略）

二是人才吸引渠道不通畅。（略）

三是工作队伍建设不到位。（略）

　　这两篇实例，就是"零散散乱"与"系统严谨"的现实反映，也体现出了文稿高度的不同。

　　第一篇简单罗列了各个问题，给人一种繁乱而没有章法的感觉。如果领导直接拿去读，从"一"讲到"八"，难免闹了笑话。这是因为该秘书在记录会议或者收集各方面素材的过程中，没有加以思考分析和归纳，只是铺陈和罗列，一股脑地堆上去，最后做成了"一地鸡毛"。

相比而言，第二篇则搭建起了相对完善的结构，按照大小标题的模式，将八个问题完完整整地归到三个大类之中，并用"三个不足"的排比式标题罗列，不但标题与标题之间对仗工整，整篇文稿的格局也更加规整。领导按照这个格局去分析和部署工作，也可以更好地抓住重点，有利于工作的实际推进。

这两篇材料的区别，同样也是文稿高度的问题。站在领导的角度看，每一项实际工作都会牵扯到各个方面的利益和资源，需要按照一定的模式和结构去表达观点。比如，缺乏足够的岗位和创业创新氛围不浓厚这两个问题，都是属于经济口的事务，需要安排负责经济工作的部门去解决问题。将这两个问题归入一个一级标题之下，更有利于厘清思路，更能体现出领导对各类细节问题的梳理和概括能力。

因此，类似于"这是我想讲的第一大点的第二个重点的第三个注意点"之类的话，可能也是领导的一种无奈之举，但同时也是一种较好的逻辑规律，值得我们去思考和学习。特别是作为一名"笔杆子"，尊重这样的"游戏规则"，才能使材料具备相应的思想高度，才能让自己得到更好的学习和成长。

3.2.5 领导思维是"高度"的关键

综上所述，"高度"是评价公文材料整体质量的综合性指标，很难说有专门练习拔高"高度"的方法。

公文代表的是领导的立场、观点和方法，公文的"高度"则体现了领导的能力和水平。要使公文有"高度"，我们就要有大局意识、系统观点和归纳能力。而这三项能力的背后，都指向了关键的思维方式：站在领导的角度看问题。

我们要像领导一样,培养对思想政治理论的敏感性。经常性地学习中央领导的重要论述和讲话精神,准确定位各项工作的意义,在思想政治理论的层面分析具体的每一项工作。同时,还要掌握上级的重要战略导向,无论是地区层面的,还是系统层面的,只要是上级领导经常提及的口号和说法,我们都要做到了然于胸,随时"旁征博引",方能对各项工作做到应对自如。

我们要像领导一样,用系统的眼光分析和处理问题。面对每一项复杂的工作任务,我们都需要思考,各个方面扮演着什么角色,相互之间有什么样的关联,他们应当去做些什么。只有熟练掌握这样的分析方法,我们拿到"命题作文"的时候,才会联想到这一"命题"背后,哪些部门或者哪些人已经做了什么,而哪些部门或者哪些人接下来又应该去做什么,以及我们领导应当是以什么样的态度来看待这些事务。这些关键的内容,都需要借助我们写出一份具有"高度"的材料,去完完整整地表达出来。

我们要像领导一样,将繁杂凌乱的内容做好梳理归纳。抓住客观事物的本质特点,抽丝剥茧,按照正确的结构做好归纳,将大量原本独立的要点,根据其本质特征形成关联性,从而"化多为少""化零为整",使文章结构更加简洁但又保证所有内容得到覆盖。另外,通过归纳的手法,我们还可以有效精简文章内容,消除冗杂的问题,达到公文"简约美"的效果。

领导思维是保证文稿"高度"的关键,同时也是做一名合格"笔杆子"的前提,希望各位读者在文字岗位上,有意识地向领导学习,模拟领导在问题面前的思维模式,这不但有助于提升写材料的能力,也有利于个人的成长。

3.3 深度：无话则短，有话也要短

近年来，随着国家治理能力现代化的提升，体制内各项工作的专业性越来越强，公文材料中涉及各领域专业技术方面的内容也在增加。同时，一些工作因为其长期性和复杂性，积累了很多转折反复的过程，而且必须要有足够的篇幅将其完整表述。这类繁复的内容越来越多，而公文材料又天然地追求简洁流畅，两者之间便产生了矛盾。

我们是不厌其烦地把复杂的专业问题和过程情节说清楚呢，还是为保证公文的简洁性而减少文字表述？

这便是公文的深度问题。

3.3.1 合适的深度就是详略得当

公文的性质，决定了其行文必然是"清楚明了废话少"的类型，文字表达必须简洁清晰。但在实践中，如果涉及以下两种类型的内容，公文材料就会面临篇幅失控的问题。

一类是技术性内容。材料中如果涉及技术问题，可能会需要相应的篇幅去解释、分析和推理，导致预料之外的篇幅增加。

另一类是情节性内容。材料中如果需要介绍某一件事情的来龙去脉和前因后果，也可能会导致预料外的篇幅增加。

因为这两类内容的影响，我们的公文材料容易出现两个方面的问题。

一方面，篇幅布局失衡。在整篇文稿之中，技术问题的解释与情节内容的介绍，可能只是逻辑关系的一小部分，在篇幅上也应当保持着大致的平衡。但如果对于某一项技术或者情节表述过于复杂，必然会有大量的字数"蜂拥而来"，也不可避免地导致该内容

占据了大部分版面，破坏了文稿的整体结构，导致篇幅布局失衡。

另一方面，冲淡公文主题。无论是具体的技术问题，还是细致的情节过程，都不是公文所阐述的主体内容，它们仅仅是起到辅助性的解释说明作用。如果对这类阐述太过深入，容易冲淡公文的主旨思想，犯"喧宾夺主"的错误。

在实践中，这类问题最容易出现在素材整合的过程中。特别是一些综合文稿的拟稿人，对其他方面报送的素材没有仔细审核把关，直接套用，便容易因为技术性内容或者情节性内容的过多表述，而造成篇幅失衡的问题。

案例

某局办公室为完成一项工作的汇报稿，搜集了相关业务科室的素材。其中某个业务科室为把相关的技术问题阐述清楚，提供了一份篇幅较大的"富有技术含量"的素材。局办公室直接将这份素材内容复制粘贴到汇报稿之中，导致这一部分的篇幅占比过重，使文稿整体严重失衡。

为避免上述问题发生，我们应当对此类内容采取最简洁的表述，将重心放在公文主体内容上。但是要达到这样的效果，很大程度上依赖于统稿人的文字表达能力和专业知识储备。

但在很多情况下，统稿人本身是从事文字工作为主，对业务层面的技术问题相对陌生，且对具体情节内容的详略把握没有准则。面对技术内容和情节内容的时候，虽然主观上也意识到需要缩减表述，但因为自身缺乏足够的技术知识储备而无从下手。

一些"笔杆子"害怕在技术问题上出错,就将素材直接复制粘贴进去。他们认为篇幅失衡,大不了导致材料质量不好,而如果直接缩减技术问题的表述,后果说不定会更加严重。两害相权取其轻,他们就会采取直接复制粘贴的策略,让自己更加"安全"。这实际上是一种懒散而不负责任的行为表现。

因此,材料深度在本质上,是公文内容详略得当的问题。把握材料的深度,关键在于如何将这类次要但又必不可少的内容,用合适的篇幅表达出来。

3.3.2 深度的关键是处理过程

对待材料中的技术内容和情节内容,一种常见的处理办法是留下结论,省略过程。

从原因甲开始,逐步推理,一直到结果乙,中间会经历很多步骤,这些步骤都需要丰富的专业知识,科学的分析过程,也可能带有复杂的曲折经历。如果都要形成文字表述,必然会繁杂冗余。

对此,我们最好的办法便是留下结论,对于过程则直接忽略。

举个比较常见的实例。

关于启动台风Ⅳ级应急响应的通知

根据市气象部门发布的台风消息,今年第×号台风"×××"今天8时中心位于我市东偏南方向约××××公里的洋面上,近中心最大风力××级(××米/秒)。预计"×××"将以每小时20公里左右的速度向西偏北方向移动,并逐渐向浙闽沿海靠近。受"×××"影响,我市将有一次明显的风雨天气过程,10日起我市沿海海面逐渐增强到×级；11日继续增强到×级。根据防台风应急预案规定，市防指决定7月8日12时起启动防台风Ⅳ级应急响应。现就做好防御"×××"台风工作通知如下：

一、全面落实防汛防台责任制。（略）

二、切实做好海上防台各项工作。（略）

三、加强水库山塘的安全监管。（略）

四、做好防强降雨的准备工作。（略）

五、加强防台工作宣传。（略）

上述实例是一则台风应急响应通知。其中，第一段关于台风路径预测的信息，便采用了留下结论而忽略过程的方法。台风风力和路径的预测，牵涉许多技术层面的因素，需要大量精准复杂的分析判断。如果这些过程都用文字去表达，则会占据大量的篇幅。

然而，这份通知的目的在于部署防台工作，并不在于展示技术分析，更不可能描述太多的气象技术内容。所以，这份通知便只是在第一段话中描述了对台风未来分析预测的结果，而不会介绍复杂的分析推理过程。

这份通知所展现的要点，是对材料深度"适可而止"的态度和方法，即简要说明技术推导的结论，侧重点放在技术之外的主体内容上。在大部分场合下，我们都可以参照这样的方法来处理。而这种办法成立的前提，是技术层面的分析判断"没有必要跟别人解释"。就如同上文的案例，收到这份台风应急响应通知的单位，只需要按照通知要求去采取行动即可，完全没有必要去了解台风监测的技术过程，更不可能对这种技术过程提出质疑或者展开讨论。

但是在另外一些场合下，技术过程却必须要展示出来，只取结论的方法不一定可行。对此，我们可以将这种技术过程单列出来，作为文稿的附件展示，而不在文稿正文中过多阐述。

案例

某县政府领导召开专题会议,讨论某政府房建资产的处置事宜,县国有资产监督管理办公室(简称国资办)准备的会议材料中,有一部分涉及该资产的市场评估价。评估结果和评估过程均由专业评估机构出具,虽然已经按照会议汇报的时间要求做了最大程度的简化,但篇幅仍然大大超出材料的其他部分,直接纳入汇报稿容易破坏材料整体格局。对于这类评估文件,不宜纳入正文的,就可以在材料的末尾作为附件呈现。

小贴士

领导个人的工作风格对于技术问题在材料中的处理方式也有很大影响。有些领导追求细致,可能会希望在文稿中有更多的技术展示和讨论。而有些领导则关注大局,会将技术层面的细节问题交由下属处理。工作风格的不同,会给材料深度的要求带来变化。

第4章

公文写作的灵魂
亮点提炼

亮点，是一篇公文的"点睛"之笔，是提高材料质量的关键，更是提升领导满意度的"捷径"。发现亮点、布置亮点、展示亮点，是一名"笔杆子"从新手到进阶的重要一步。

第4章 公文写作的灵魂 亮点提炼

4.1 关于亮点的必备知识

我们先谈谈什么是亮点、哪些元素可以作为亮点、哪些材料会需要亮点等基本问题。

4.1.1 什么是亮点

亮点是公文的灵魂,它是一种在一篇材料中能让人眼前一亮的元素,可以帮助材料在各种场合之下都能脱颖而出的特质。

前面几章已经谈到,公文材料是我们根据明确的"目的",站在正确的"角度"去"说话"。但是往往我们在材料中说了一大堆话,却未必知道自己到底想表达什么,重点在哪里,引人关注的亮点在哪里,只是为了完成任务而已。

有时候,我们可以按照既定的套路和步骤,应付着完成写材料的任务。但有时候却不行,领导会要求我们的材料还应当多一些亮点。

特别是有些材料,领导总会认为这里说得还不够,那里讲得还不透彻。他们所提出的具体修改意见,常常是要求我们补充某些内容,或者突出某些重点。

有些新手可能会觉得摸不着头脑:明明该说的都说了,为什么还是不够、不透彻、不突出呢?

这是因为亮点不够明显。领导期望我们的材料里体现出亮点来，但我们的材料却"按部就班""平淡无奇"。许多领导在审阅材料的时候，主要是抓重点，只看自己所关注的重点在文中有没有提及。一旦这些内容没有得到充分展示，领导便会认为材料没有达到他内心的期望值。

领导所关注的重点，便是我们要发掘的亮点。在某些场合下，一两处亮点就可以支撑起整篇材料的价值，而没有亮点或者说亮点不够突出的材料，很可能会失去其自身存在的意义，只是虚耗了我们的时间和精力而已。

那么一篇材料中的哪些元素可以称之为亮点呢？

4.1.2 哪些元素可以作为亮点

在实践中，文字材料中可以作为亮点的元素，主要有四类。

1. 数据指标

某项工作取得了什么样的成果，大都可以通过一系列数据指标反映出来。近年来，体制内各项工作都倾向于可量化的考核方法，与考核相关的数据指标可谓"无处不在"。如果我们认为某项工作的成果十分理想，那么能够体现这个理想结果的数据指标本身便是亮点，可以在文稿里凸显出来。

2. 举措方法

除了数据指标之外，为了完成工作所采取的举措方法也是最容易成为亮点的元素。特别是在数据指标结果表现优异的情况下，我们为了达到这个结果所采取的举措方法，便成为这些数据指标背后的最佳注解，充分说明了"为什么我们能做得这么好"。如果数据指标结果并不太亮眼，我们也可以重点表述举措方法，说明"虽然结果暂时一般，但我们也很努力，做了很多有意义的事情"。一般来说，数据指标的结果客观存在，不可能随意瞎编乱造，但相关的举措方法却可以好好地提炼和斟酌。如果能发挥出文笔的优势，或许可以在平平无奇中提炼出丰富的亮点。

3. 谋划思考

如果某些工作刚刚起步，举措方法尚未完全成形，数据指标结果也没法呈现，那么所谓的亮点便需要从更前面的环节中寻找。在前期工作启动之前或者刚启动之时，我们是如何谋划下一步举措的，如何思考工作路径的，都可能会蕴含着一些有价值的亮点。如果能够提炼得好，说不定也能取得预期之外的效果。

4. 领导观点

领导提出并关注的重要观点，是材料中天然的亮点，也是我们写材料时要不吝笔墨的部分。特别是领导认为比较鲜明突出的、比较有特色的、比较"自鸣得意"的，我们不论其客观上是否具备成为亮点的条件，都要作为亮点写到材料里。

领导关注的点需要作为亮点处理，但这并不意味着可以直接"无脑用"，我们仍然要分析是否符合材料目的、是否经过甄别筛选、是否站在正确的角度等，为领导把好关。要明白一点：我们写出来的文字材料，是给领导拿去用的，尊重领导意见是一项基本原则。

4.1.3 哪些材料需要亮点

并不是所有材料都需要有亮点，但有些材料却非要亮点不可。特别需要亮点支撑的材料主要有四类。

1. 通报成绩的材料

最常见的情景：某项工作我们完成情况较好，得到了上级领导的肯定和表扬。为了展现这样的成绩，我们通常会写一篇信息或者一份专题报告，将成绩和取得成绩的经过，一五一十地写到文章里面。这类材料一般都有实实在在的成绩，有真真切切的举措，亮点提炼也相对较为简单直接。

这类材料里如果没有亮点，会让人觉得疑惑："取得这么好的成绩，为什么材料里一点有价值的东西都没有？"而这个问题继续推理下去，可能就只有一个答案："这项工作应该做得不错，不过写材料的人水平确实不行！"

2. 同质竞争的材料

最常见的情景：上级单位要求下属各单位就某项工作，撰写并上报相关信息简讯，再筛选其中的优秀者予以录用刊发。我们作为下属单位之一，如果以"被选中"为目标去撰写信息，就会千方百计地让自己的材料更能吸引人，在众多"千篇一律"的竞争者之中脱颖而出。

某市纪律检查委员会（简称市纪委）要求下辖10个县区纪委报送关于两个责任落实情况的经验材料，并从中选取2篇作为典型案例，刊登在市纪委的简报上，被录用的材料能够为本单位的信息工作赢得加分。在"10选2"的激烈竞争格局之中，我们报送的材料是否有亮点，决定了材料是"白写了"，还是顺利为单位的信息

第4章 公文写作的灵魂
亮点提炼

考核做出贡献。

在上文这样的情境下,我们所面临的环境就是典型的"同质竞争"。因为信息的主题是相同的,而各地的做法虽然有所差异,但总体上也是相同的因素居多。这也导致了各地报上去的信息,容易出现"大同小异"的问题。在这样的竞争环境之下,我们要"打败"其他兄弟单位赢得"胜利",就必须要依靠材料中的亮点去吸引上级领导的注意力。

当然,如果仅仅是为了完成报送材料的任务,而不希望去赢得加分,那就不用考虑亮点的问题了。所以,如果读者朋友不想成为一名进阶的"笔杆子",大可忽略本章内容。

3. 直面领导的材料

最常见的情景:上级领导召集会议,要求各单位就某项共性的工作进行汇报。我们作为汇报单位之一,希望材料中的内容能引起上级领导的关注,以展现我们的工作成果,或者提出我们的意见建议,为相关工作的推进争取领导支持。

这种情况下,我们就需要在材料中合理布置亮点内容,紧紧抓住领导"眼球"。

案例

某市政府召开财经工作会议,各经济工作部门围绕各项经济指标轮流发言。其中,市商务部门在分析外贸指标的时候,还提供了另外一套不同口径的经济指标。该指标剔除了市内最大的五家龙头企业数据，分析了在不考虑少数龙头企业的前提下，全市各项经济指标的具体表现，既说明了该市经济过于依赖龙头企业，又从另一面展现了全市面上经济运行的情况，给领导留下了深刻印象。

4. 表达观点的材料

最常见的情景：某领导对某项工作结果一直"自鸣得意"，或者对某项观点始终"念念不忘"，而某份材料又正好涉及这方面的内容，领导便会期望我们能够通过文字材料，充分阐述其观点。也就是说，领导希望在我们的文稿里看到他的观点，借助我们的文笔"说出"他最想说的话。

要满足领导的期望，我们就需要将领导的想法和观点提炼为亮点，全面而充分地体现在材料之中，表达出领导的意志。

📍 **案例**

某县交通局局长在多个场合中提到：要借助港口优势，打造综合性一体化现代交通枢纽。他对这一提法青睐有加，并且在多个重要场合反复提及，甚至投入了一笔经费委托相关单位开展前期课题研究。某日，该县县长决定调研县交通局工作，我们为县交通局局长撰写汇报材料的时候，必然要凸显出"综合性一体化现代交通枢纽"这一理念，使其成为我们要表达的亮点内容之一。

4.2　亮点的特质 ✏️

我们提炼并加以展现的亮点，应当同时具备三个方面的特质。

4.2.1 与众不同的创新内容

我们日常写的公文材料,实际上是一种在确定主题下的"命题作文"。写多了,材料内容便很容易大同小异,或者照本宣科。特别是有很多同主题、同内容、同类型的材料同时呈现在眼前时,便会发现千篇一律。

因此,我们的亮点便在于是否具备与众不同的元素,从平庸之中脱颖而出。比如有创新意义的经验方法、观点想法、意见建议等。

但是一项内容能否称得上是"创新",也要经过一番甄别和筛选。一般而言,理想的创新元素,应当符合三个方面的要求。

1. 必须是"正确"的

所谓的创新应当是"正确的"创新,要符合我们的原则和价值导向,而不能是"不正确"的。如果一项建议或者举措,虽然有助于目标任务的完成,但其过程是违背正常方法或者价值导向的,那么即使再"与众不同",也不能称之为创新。比如,为了完成一项任务,我们有可能采取了一些权宜之策,或者其他容易引起争议的做法,虽然在特定环境下有可取之处,但却不能被称为创新,也很难将其定义为"亮点"。

2. 必须是"不同"的

创新是横向比较之下的创新,而并非是自己与自己相比的创新,更不是"自以为是"的创新。一项举措虽然我们自己从未尝试过,对我们而言是非常新颖的事物,但如果与我们"同台竞技"的其他材料中,也都或多或少有所涉及,那便意味着这事物也没有我们想象的那么"新",而这项内容也无所谓"创新"了。

3. 必须是"有用"的

创新的经验方法,应当是可以推广借鉴,而并非是"不足为外人道"的;创新的观点想法,应当是有实际价值的,而并非是"空口白话";创新的意见建议,必须是有确切依据的,而并非是"天马行空"。

当然,上述三个方面的要求,是出于一种理想化的考量。在现实中,领导对创新的标准要求可能没有那么高。但我们作为执笔人,在提炼稿件亮点的时候,还是应当多考虑这三个方面的因素,培养正确的思路和写作习惯。

4.2.2 迎合期盼的思想主题

材料的亮点必须是他人关心关注的领域或者话题,它不仅仅能够匹配材料本身的目的,而且还可以"戳中痛点",解答他人困惑已久的问题。

就如同市场营销注重准确抓住客户需求一样,我们提炼材料的亮点,也需要清楚,这份材料是在什么场合、解决什么问题、贡献什么作用的。

那么我们的"客户"是谁呢?自然是看材料或者听汇报的人,上级单位的同人、主持会议的领导,甚至是关注这件事情的社会各界人士。他们面对材料的时候,内心总是带着一些问题,希望从我们的材料中得到解答或者启发。

比如,上级看我们的信息简讯,可能想了解这项工作在我们这里是否遇到什么问题,以及有没有一些特色做法去解决这些问题。比如,领导听我们的工作汇报,可能想知道我们作为一线部门对某项具体工作有什么看法,有什么独特建议。又比如,群众"围观"

某项政府工作，可能想了解这项工作会给大家的日常生活带来什么影响，以及今后会怎么去推进。

我们的亮点，就应当是能够响应他们的期待，对准他们获取信息的胃口。如果达不到这层要求，那么这些"亮点"也只能"孤芳自赏"。

案例

某省教育厅和财政厅联合向部分市县派出调研队伍，调研各地教育项目财政补助专项资金的使用情况。某县汇报材料里大谈特谈该县教育事业发展的规划设计情况，还展示了教育现代化建设的成果。这些亮点在某些场合下，或许可以作为该县教育工作的亮点。但是在这次调研主题的汇报场合下，根本就是"牛头不对马嘴"，也不可能成为真正的亮点。

4.2.3 精致工整的文字表达

文字是主题和内容的载体，如果有了好的亮点内容，但却没有与其相匹配的文字载体予以支撑，那么亮点便也会"蒙尘"。有了良好的文字载体，亮点的主题和内容便也得到了升华，具备了更强的表现力。

在某些情况下，文字表达本身也有可能会成为亮点。特别是在一些实在没有成果可谈的报告材料中，可能我们所谋划的思路比较平淡，所采取的举措与兄弟单位大同小异，最后所取得的数据指标也乏善可陈，但如果领导仍然要求我们提炼出亮点，那么便说明需要靠我们的文字来"逆转"形势了。

这种情形下的亮点,其实并不是真正意义上的"亮点",是"文可以饰非"的另类表现,而且也未必能够取得预期的效果。但是对我们而言,不妨看作一次锻炼文笔的机会,学习如何将平淡的素材整合成一篇表面看起来仿佛有亮点的材料。

事实上,基层单位各项工作的同质化是比较明显的。我们常常可以看到,各地之间、各部门之间、各岗位之间,在特定的某一项工作领域,所采取的举措大同小异。文字表达力的强弱,便成为"胜负"的关键所在。

比如,邻近县市区之间的精准扶贫举措,逃不开那些常规动作;兄弟部门之间主题教育的谋划方案,离不开那些常见活动;不同科室之间劳动纪律的落实,也总是那些规矩。在天然缺乏亮点的情况下,要提炼出令人耳目一新的亮点来,需要我们具备较强的综合文字表达能力,妙笔生花,使亮点"无中生有"。

也就是说,如果真的有与众不同的特殊举措且成效突出,那我们也不用烦恼"亮点何处来"的问题了。

4.3 亮点怎么呈现

我们精心选择的亮点内容,在材料里不能"藏得太深",不然会适得其反。亮点应当是容易被人发现和理解的。如果别人看了材料,察觉不出我们的亮点,或者理解不了我们在说些什么,或者觉得这些亮点总体上一般,那说明我们对亮点的处理还存在问题,还没有完全发挥出这些亮点的"杀伤力"。

第4章 公文写作的灵魂
亮点提炼

文字材料都是"以文会友",需要我们将亮点明明白白地在文中表现出来,让人一目了然,而不可能指着某句话面对面地跟他人解释说:"看,这就是我要说的亮点!"

所以,我们应当运用文字手段,突出亮点在材料中的地位,甚至围绕亮点将材料框架重新打造,让整篇材料为少数亮点服务。

常见的亮点呈现方式有以下三种。

4.3.1 高大上的修辞法

这种方法是将现有经验举措套上一些"高大上"的称号和名头,对亮点内容进行包装,突出亮点的"吸睛"能力。

"高大上"的格调其实是用一些"不常见"的名头来提升一些常见工作内容的高度,让他人觉得我们做这些工作,是站在更高角度去考量客观问题,从而使相对日常化的工作内容显得更加有声有色。

我们可以用一则实例来说明。

某县政府开展优化营商环境主题月活动,要求各单位上报其在活动过程中关于企业服务方面的好做法好经验。其中,甲、乙两局均采取了相关举措,并总结形成了经验信息予以上报。两者的工作举措大致相同,也都提炼出了四个他们认为的亮点,即做好与企业的沟通交流、在涉企审批方面提高效率、将一些政策信息及时传递给企业、强化自身廉政建设。

以上述四个亮点为基础内容,两家单位形成了如下材料:

甲局：

今年以来，我局主要采取以下四项措施，着力提升企业服务水平：

一是做好与企业的沟通。（略）

二是提高涉企审批效率。（略）

三是畅通政务信息宣传。（略）

四是加强党风廉政建设。（略）

乙局：

今年以来，我局坚持四措并举，着力提升企业服务水平：

一是畅通政企沟通渠道。（略）

二是优化审批服务机制。（略）

三是搭建信息宣传平台。（略）

四是打造清正廉洁队伍。（略）

上述两篇材料，主题一致，内容上也没有太大区别，但却因为不同的修辞手法，导致了亮点呈现的力度不一样。

前者侧重于就事论事，陈述自己是怎么做的，在不考虑具体叙述方式的前提下，容易导致材料整体内容过于平淡，内容聚焦于零碎的日常工作，亮点本身也难以凸显出来。

后者运用了一些修辞方法，将这些工作内容设计成为渠道、机制、平台、队伍等四个方面，再予以归纳，并套上了相对"高大上"的名头。这样便可以将琐碎的日常工作转变为渠道建设、机制改革、平台搭建和队伍打造等更高层次的内容，使亮点得到了升华。这种"包装"手法使原本"平平无奇"的内容得到精心布置和梳理，进而吸引到他人的注意力。

在实践中，我们还可以做得更加"高大上"，更加"吸睛"一些。比如：

今年以来，我局以"四个一"建设为抓手，着力提升企业服务水平：

一是拓宽一个渠道。（略）

二是完善一套机制。（略）

三是搭建一处平台。（略）

四是打造一支队伍。（略）

这种表述的优势在于，我们可以开门见山地说明材料的亮点是"四个一"，接下来再以渠道、机制、平台、队伍的修辞手法，来支撑亮点所应具有的特质，从而使亮点的表达更加直观简练，在开头就能赢得关注。

另外，我们还可以尝试运用更多的修辞手法来"包装"亮点。比如：

启动某项工作，可以说：实施某某战略。

解决某个问题，可以说：突破某某瓶颈。

提出某个观点，可以说：谋划某某路径。

这些所谓的战略、瓶颈、路径，都是一些常见的"高大上"名词，是亮点最好的"包装材料"，只有在日常工作中注意积累，敲键盘的时候才能信手拈来，做到胸有成竹。

4.3.2 成群结队的归纳法

成群结队的归纳法，指的是将零散的"小"亮点加以归纳整合，使其可以成为"大"亮点。这种手法可运用于单项亮点预期效果不足的情形下，通过将工作梳理整合，使其在整体上成为一个亮点，从而取得较好的效果。

如果各项工作实在"平平无奇"，我们该如何去提炼亮点？实际上,"成群结队"归纳法是处理这一问题的理想对策。

我们先看一则实例。

某县组织开展解放思想大讨论活动,要求各单位以表格的样式上报活动开展的内容。某单位的活动内容是套用全县的"普适"版本,并提出了八项重点工作任务。

某单位解放思想大讨论活动重点任务方案

一、调研学习

主要包括对基层单位的调研,对先进地区的走访学习等,具体内容略。

二、学习交流

主要包括组织单位内部的学习讨论,具体内容略。

三、项目建设

主要包括某示范区建设、民生项目建设等,具体内容略。

四、审批改革

主要包括审批窗口的机制流程优化,具体内容略。

五、服务企业

主要包括建立对联系企业的专访制度,具体内容略。

六、维稳工作

主要包括军转干部的维稳风险预防和化解,具体内容略。

七、人才战略

主要包括高层次人才的引进平台建设,具体内容略。

八、队伍建设

主要包括一流团队争创、作风建设、党风廉政等,具体内容略。

上文八项内容,因为其本身是套用全县的方案,虽然结合单位工作实际进行了一定的调整和优化,但整体较为平淡。

在不改变上文内容的前提下,我们运用成群结队归纳法,对原本散乱的内容进行整合，将八项工作加以归总，形成四大板块，再运用"高大上"的修辞手法加以"包装"，形成实例如下。

某单位解放思想大讨论活动"四大行动"方案

一、开展观念转变大行动，树立新理念

1. 组织基层调研。（略）

2. 学习标杆先进。（略）

3. 召开专题研讨。（略）

二、开展实干争优大行动，谋划新路径

1. 加快示范创建步伐。（略）

2. 推进民生项目建设。（略）

3. 打造人才招引平台。（略）

三、开展机制改革大行动，打造新模式

1. 改革窗口审批机制。（略）

2. 改革政企专访机制。（略）

3. 改革维稳防范机制。（略）

四、开展效能提升大行动，争创新面貌

1. 争创一流团队。（略）

2. 优化服务作风。（略）

3. 打造清廉机关。（略）

上述方案保留了原有的全部内容，不存在遗漏的问题。在形式上，采取了"化零为整"的思路，通过归纳和包装手法，改变了原有的文稿结构。这些举措单个分开都没有什么特别突出的亮点，可能也是"人云亦云"。但是整合之后，这"四大行动"的提法本身就可以为我们赢得"一战之力"，解决亮点过于缺乏的问题，提升了材料整体的吸引力。

可以发现，这种手法可以使材料的亮点"无中生有"。在很多场合下，我们的内容如果实在缺乏新意，那么凭借这种成群结队的思路，便可以实现"抱团作战"。虽然单体内容缺少吸引力，但整体上的"四大行动""六大战略""八大攻坚"等提法本身，却可以作为一个亮点，为我们赢得一些胜算。

 第3章已经做了讨论，归纳能力是评价材料高度的标准之一。"成群结队"归纳法其实也确保了材料具备相应的高度。

实践中，如果我们善于运用"成群结队"归纳法，再结合"高大上"的修辞手法，便可以解决大部分情况下的亮点不足问题，为平淡的日常工作增添一些惊喜。我们经常看见一些单位报送的信息材料之中，有诸如"多措并举""双管齐下"等标题，标题之下还有工工整整的一套逻辑结构，虽然它们的内容可能没有什么特别突出的地方，但材料本身却不会显得太过平庸。这都是此类手法综合运用的结果。

 在章节4.3.1的实例中，我们将渠道畅通、机制建设、平台搭建、队伍打造这四项措施归纳为"四个一"，实质上也是遵循了"成群结队"的理念。

4.3.3 问题引导的切入法

无论是"高大上"的格调，还是"成群结队"的组合技巧，实质上都是用文字手段来"包装"工作中的亮点。但是有些工作举措较为单一化，缺少成群结队的资本；同时手法也相对简单，包装得过于"高大上"可能会起到反作用。在这种情况下，要突出其亮点，可以尝试使用问题引导法。

大多数工作举措都是为了解决某个特定的问题而存在。如果它在问题解决方面确实卓有成效，那便可谓"货真价实"的亮点。这些亮点即使不加修饰，也容易脱颖而出，但我们的任务是让亮点尽可能地引人注意。因此，如果这类材料的亮点不适合运用上文提及的手法去展现，那么我们也可以尝试着运用问题引导的方式，或许能取得更好的实践效果。

我们继续以实例来说明：

某街道为提高主题党日活动效果，对缺席主题党日三次以上的党员采取了约谈告诫的措施，对不守纪律的党员则直接除名。通过这些举措，该街道主题党日的党员到会率得到明显提升。为此，街道领导要求撰写一篇信息上报组织部门。

如果按通常的写法，则平铺直叙：

某街道为提高党员到会率，采取了约谈告诫的措施，对连续缺席三次以上的党员，由街道党工委书记出面约谈，督促告诫其履行好党员职责。同时，对多次违反党组织生活纪律的党员，依照党章规定提出予以除名的建议。

通过上述举措，该街道自年初以来先后约谈了×人，取得了良好成效，主题党日到会率由原来的××%提高到了××%。

平铺直叙所形成的上述信息材料，原本具有独到之处的工作也显得力度不足，对情况了解不多的人不一定会认为这就是亮点。而通过问题引导的方式，则可以在开头便点破问题所在。

比如，在上文实例的开头，加入这么一段话：

近年来，随着流动党员数量的增加，基层党员主题党日到会率

偏低,党组织生活纪律的严肃性受到影响。流动党员管理难成为普遍问题。

为此,某街道采取了约谈告诫的措施,对连续缺席三次以上的党员……

上文在主体内容不变的前提下,开篇位置首先介绍了背景,设置了"该街道主题党日工作面临什么问题,为什么要这么做,这么做有什么好处"几个问题,使这项工作的前因后果和来龙去脉都得到了充分说明,同时也凸显了这项工作的实际意义。

问题引导的写法,还有一个好处是能够第一时间引导他人注意文稿的主旨。比如上文的实例,如果是用在某个向县领导做汇报的场合,问题引导的作用就更加明显。我们在开篇就揭示了当前基层流动党员管理难的问题,可以马上引起县领导的关注,因为县领导也可能正在苦恼这件事。因此,自问自答的手法,在开头就抛出问题,有助于立即引起县领导的共鸣,然后引导县领导带着"是啊,这个是大问题,那你们又是怎么做的呢"这样的思路,去听我们的汇报、看我们的材料,从而切切实实地将亮点内容传达给领导。

当然,提出问题的时候要把握适度原则,既不能夸大其词,也不能添油加醋。

4.4 培养对亮点的敏感性

正如前文所述,将材料写得有亮点是一项相对进阶的技能。如果能做到在各类材料中熟练地发现亮点、融入亮点、呈现亮点,那便可以说写材料者是一名能够肩负重任的"笔杆子"了。对于新人而言，我们切不可操之过急，要慢慢接近那个目标，逐步培养对亮点内容的敏感性和注意力。

4.4.1 知己知彼，方得亮点

不要只顾自己埋头苦干，也需要抬头看看兄弟单位是怎么做的，特别是要知道我们的"竞争对手"干了些什么、打算汇报什么、准备说些什么。

一方面，我们觉得一些很平常的工作，可能是其他单位所没有想到，或者没有做到的事情。我们天天做，不觉得这些事情会是亮点举措，只道是平常。但实际上，可能我们所做的事情，相比其他"竞争对手"而言是实实在在的特色亮点。

由此可见，很多亮点在比较之中才能发现，不然很容易被遗漏。所以对我们而言，要知己知彼，经常性地与其他单位进行比较，在比较中发现亮点。

1. 在比较中，我们做到知己知彼

同样一项工作，其他单位在做，我们也在做，那他们注重的是什么，我们注重的是什么，都应当有一些了解。特别是同一系统不同地区的兄弟单位，在某项工作上都会有相同的"既定动作"，但也会有不同的"自选动作"。而我们的目的就是做到"知己知彼"，准确摸清楚亮点所在。

◉ **案例**

甲市和乙市的农业农村局都开展了消除经济薄弱村的工作，并准备向省厅报送这项工作中的亮点做法。但两地都不知道对方做了

些什么,取得了什么成效,也觉得自己那些工作做法称不上亮点,有所顾忌和疑虑。不久,省厅又发布了关于这项工作若干指标结果的通报,甲局才发现自己的某项指标排名全省前列,而乙局也发现了自己的"比较优势"。进而,两家单位都围绕优势方面,报送了亮点信息,被省厅录用。

在上文案例中,如果两家单位都意识到"知己知彼"的重要性,那么这些亮点信息早就可以报送出来了。这也从侧面说明了亮点是在比较中被发现的,坐井观天,不但很难发现亮点,甚至还有可能错过有价值的信息。

2. 在比较中,我们借鉴包装经验

一项成熟的亮点,或多或少都是经过了一定的"包装",才能呈现出来。本章虽然介绍了一些常见的"包装"方法,但具体到工作实践之中,却可以说是"千变万化",不拘一格。我们在比较他人材料信息之时,可以看看别人是怎么去提炼和"包装"亮点。

在日常工作中,我们经常收到上级关于某项工作的交流简报,里面会有大量其他地区的经验信息。对此,我们要将其予以拆分,分析每项举措背后的实际情况,再从实际情况反推回去,剥离出中间这一层"包装"。

这一过程往往比较复杂,单单看材料不一定能看出端倪,还需要通过其他途径,了解到某项工作在纸面上是这么回事,在实践中是否可能却是完全不同的另外一回事。

案例

某从事招投标管理的文书干部,发现上级发布的信息交流中有一篇邻县的信息,描述了他们正在建设的评标专家信用信息评价体系。"信用信息评价体系"这一名称十分"高大上",令人好奇。为了解其真实情况,该干部致电询问邻县"同行",才发现所谓的这套体系只是专家对投标人信用情况的评分记录,其实是一项常规工作。这篇信息只是他们"过度包装"的结果而已。

上述案例告诉我们,我们看到其他单位的工作比较显眼或引人注目,是很值得我们去了解和发现。如果确有其事,那么可以为我们的具体工作开展提供经验借鉴;如果只是"包装",那么也可以给我们提供一些写作方面的思路参考。

3. 在比较中,我们发现潮流动向

我们可以经常看看那些成功的案例,分析它们背后的"取胜之匙"。其中,要特别注意揣摩上级最近对什么方面的亮点感兴趣,进而给自己的亮点甄选和文字包装提供方向。

比如,上级在某段时间特别集中地发布关于某方面工作的信息简讯,那么说明这项工作在近期会是一种潮流动向,备受领导的关注。

比如,我们在一些亮点材料中,经常看到某项工作的某一方面举措,那说明上级对这项举措是充分认可的,需要多多搜集这方面的经验积累。

又比如,我们发现领导听取汇报的时候,对不同单位的某一类特定做法十分感兴趣,频频发问,那说明上级正在思考这项工作是否具备进一步深入和推广的价值。

这些都是当前的潮流动向,可以为我们的亮点筛选提供标准,也为我们具体工作的开展提供了很有价值的参考信息。

4.4.2 观察入微,方见亮点

念念不忘,必有回响。

在谋划材料内容之前,我们要多多关注领导的思路和观点,注意他们平时有没有特别热衷的话题。特别是本部门领导、本单位领导,或者其他与我们所要写的材料有密切工作关联的领导,掌握他们对这件事情有什么特别关注的地方,并且在材料中予以充分体现。

前文已经提到,领导关注的点才是材料的亮点,而能否发现这些亮点,就要考验我们的综合业务能力了。我们要听其言、观其行,才能掌握上级的观念和想法。

听其言,就是在与这件工作相关的场合,多注意领导的言论。实际上,领导关于某件工作的想法,大多时候会遵循更上级领导的意志。特别是基层领导在某项工作的安排,都会严格按照上级领导的要求,甚至在很多场合下都是重复上级领导的部署。但是如果某位基层领导在讲话中,出现了一些与上级领导不一样的新内容,那我们便需要打起精神来。因为这些"即兴发挥"的部分,可能展露了这位基层领导本人对这项工作的思考,也可能代表了他们落实这项工作的个性化解读。因此,这些内容本身就具有成为亮点的潜质,值得我们思考、发掘和深化。再加上有领导的"背书",它们更是可以理直气壮地成为我们材料中的重点部分,体现出创新的价值。

观其行,就是注意领导在部署、推进、参与该项工作中,特别关注哪些方面的事务。在大多数工作场合下,领导的工作任务大都是组织、管理、协调、督促等,牵头抓总,重点突出。但如果领导花费了大量精力在其中某个具体环节上,那就意味着该环节特别重要。这个时候，我们便需要注意，领导为了处理好这个环节到底有什么重点举措。这些举措都是理想的亮点素材，甚至完全可以支撑起一篇大材料。

4.4.3　精雕细琢，方有亮点

亮点需要借助工整精致的文字予以表达。我们在保证材料整体语言表达严谨的同时，还应当合理布置穿插好亮点内容，使材料在具备较强逻辑性的同时，呈现出工整精巧的结构。

但这种精雕细琢并不意味着我们必须运用文学化的表述，因为公文本身追求的是简练准确的语言风格。这里的精雕细琢主要是指以下三个方面。

1. 工整的标题

除了文稿总的大标题之外，材料中无论是一级标题，还是二级标题，尽可能地做到工整对仗，实现字数相等、词义相对、内容相互呼应的效果，确保整个标题体系精致完美。

我们继续以街道主题党日这篇材料为例，对比以下两篇材料在不同语言表达手法下，所具备的不同表现力：

第一篇：

某街道采取三项举措，加强主题党日管理

一是开展摸底调查，厘清党员人数。

二是丰富党性教育的载体。

三是严格落实党员纪律要求。

第二篇：

某街道采取三项举措，加强主题党日管理

一是全员摸底，把党员人数"兜"起来。

二是丰富载体，把党性教育"活"起来。

三是强化监督，把党员纪律"严"起来。

上述两篇信息，在内容相同的前提下，第二篇的小标题显得更加精美，传递给人的信息是"这篇稿件是我们精心准备的"。

2. 统一的逻辑

在工整标题下面，我们还可以想方设法地运用同样的逻辑句式，来陈述我们的观点。比如，小标题下的句式是用问题引领的逻辑表述方式，那么可以在每个小标题下面都用同样的逻辑。

仍然以上文的实例做介绍：

某街道采取三项举措，加强主题党日管理

一是全员摸底，把党员人数"兜"起来。

针对外来人口和流动党员较多的问题，以支部为单位，组织各社区对本支部和辖区内党员进行重新摸底调研。（略）

二是丰富载体，把党性教育"活"起来。

针对主题党日活动吸引力不强的问题，大力创新活动载体，凸显活动特色。（略）

三是强化监督，把党员纪律"严"起来。

针对组织生活纪律执行不严的问题，严格督促检查，对走形式、搞过场甚至弄虚作假的，予以通报批评。（略）

上文三段内容，便是按照统一的逻辑结构，即"针对某某问题，怎么做"，先点出问题所在，再介绍是如何处理的，形成了较为清晰的表达式，赋予了三类举措更加深刻的内在含义。

3. 恰当的语言

恰当的语言，指的是亮点内容表述符合公文表达习惯。这其实是公文写作的基础，要求我们的语言要符合中立、精练、客观、简要的价值追求。啰唆的、口语化的、带有感情色彩的,都不能算是恰当的公文语言。

    本书对公文具体的语言表述落笔不多,对于公文的用字、组词、造句等基本问题,各位读者在平时工作中多多练习,必定有所裨益。

第5章

常见公文类型分析之一
总结计划

从本章到第9章，将为各位读者逐一介绍常见公文类型的写作方法和技巧。

在实务中，公文材料类型很多，有些综合性材料可能还是不同文体类型的交叉组合，适用于日常工作的各类情形。本书仅分析一部分常见的公文类型，为各位读者提供参考思路。

本章介绍总结计划类公文材料。

5.1 工作总结

总结是每个工作人员绕不过去的"一道坎"。我们都要写总结,个人的总结、部门的总结、单位的总结,再加上某项特定工作的专题总结。可以说,总结是日常使用频率仅次于信息简讯的文体。但实际上,信息简讯常常是由专人负责,总结却是每个人都不得不面对的工作。因此,总结类材料在"覆盖面"上,可能比信息简讯更广。

5.1.1 复杂多变的类型特点

我们在日常工作中,会接触到不同类型的总结材料,它们在写法和技巧方面,都会有所区别。对于"笔杆子"而言,把握好手头这篇总结的特点,准确定位总结的作用,是"敲键盘"之前的必要功课。

1. 总结的主体角度较为多变

角度最微观的是个人工作总结。这也是我们定期撰写的一份材料,用来回顾梳理过去某一个时间段的工作情况。

角度稍微"拉远一些"的,是科室或者处室等部门总结,需要我们站在一个部门的角度,对部门各项工作情况进行归纳。

角度再"拉远"之后,便是单位总结。我们要站在整个单位的视角,去整合单位内部各部门的业务完成情况。

最后，就是相对来说"最高级"的综合性总结报告，比如政府工作报告、党代会报告、常委会报告等。

这一路的递进，是"笔杆子"不断自我提升的过程。只有"练级"到了一定的程度，才有机会接触到更高级别的总结材料。如果连科室工作总结都不能胜任，领导是不会让我们去起草局机关工作总结的。

---

2. 总结的时间跨度较为多变

总结材料都会限定在特定时间段内，这也限定了我们的写作思路和素材内容。

比如，年度总结的时间范围为过去的一个年度，内容也就限定在过去一整年的工作情况。同样的，半年总结意味着内容就限定在过去半年的工作情况。同样，季度总结和月度总结也有明确的时间限定。

同时，因为总结类型繁多复杂，这个时间范围的伸缩性也相对较强。短的，有一周小结、月度小结等简短的总结材料，同时也有任职期间总结、过去若干年总结等跨年度的总结材料，时间跨度比较大。因此，材料本身也是"可大可小"，需要我们从限定时间范围出发，把握好内容取材的边界。

3. 总结的主题内容较为多变

从主题上看，有针对某一主体全部工作情况的总结，也有针对某项专题工作的总结，侧重点完全不同，内容也大相径庭。

前者主要考量我们对各类素材的整合能力，主要是将不同性质的工作按照一定的规律整合在一起，形成合理而严谨的框架，同时确保各个部分的高度、角度和深度具备一致性。

后者需要我们对某项具体工作有着深入全面的了解，能够针对其进展、问题和下一步计划写出个"头头道道"，在文字表述上做到简练、专业而严谨。

5.1.2　总结用来讲成绩，但怎么讲有学问

不管什么样的总结，我们必须明白一个道理：工作总结的使命，主要是展现成绩的。

"自卖自夸""自吹自擂""自拉自唱"，必然是工作总结的精神主题，讲成绩也永远是主流意识。

确确实实有成绩，自然要大讲特讲。实在没有什么成绩，也要全面描述好我们前期所付出的努力。所以，首先要做的，就是提炼出过去的成绩，然后总结好过去做过的事情。

如果有实实在在的成绩，那么我们就可以轻松地为这些成绩"打扮一番"，摆上台面，骄傲而自信地对外展示出来。

如果实在没有拿得出手的成绩，我们也可以多讲过程，突出过程的艰难险阻，按照"重在过程而不在结果"的思路，营造一种"没有功劳也有苦劳"的情境。

如何处理工作总结中的成绩表述，大有学问。把握好这里面的关键，是确保工作总结撰写质量的关键之一。

我们用以下实例说明。

某县下属工业园区管委会准备撰写年度工作总结，在园区基础设施建设环节，设定两个不同场景。

场景1：管委会顺利完成年度投资任务，园区各类项目形象进度均达到预期目标，领导要求在总结中突出成绩。于是，在关于"园

区建设"板块中,我们有充足底气去展现成果,对于这部分形成的总结材料如下所示:

(一)紧咬目标,园区基础建设成效显著

年初以来,管委会紧紧围绕年度建设任务目标,多措并举,全面推进园区基础设施建设,取得显著成效。全年实现投资××亿元,超出年度计划×个百分点。

一是区域控规调整全面完成。A-01、B-02、C-03等三宗地块控规调整陆续完成,为××项目等前期工作开展奠定基础。(略)

二是重点项目建设推进顺利。××项目顺利完工、××项目主体工程结顶、××项目进场开工。(略)

三是施工管理机制更加完善。清单式管理机制进一步优化,相关重要环节的耗费日期分别缩减了××%。(略)

场景2:管委会未能完成年度任务,项目形象进度没有达到预期计划,投资额也离原定计划有一定距离。在年度总结的时候,我们在直面客观成绩不足的"尴尬"之时,需要多多突出前期的努力,于是便在"园区建设"这一章节中做出如下处理:

(二)全力以赴,工业园区建设步伐加快

今年以来,完成工业园区投资××亿元,工业园区建设步伐全面加快。

一是控规调整不断深化。加强了与市县两级资规部门的协调联系,对A-01、B-02、C-03等三宗地块控规调整进行深入研究。(略)

二是项目建设有序推进。深入一线,帮助各项目业主单位解决要素供给问题,并对项目建设中遇到的各类审批事项加强了协调督促。(略)

三是管理机制探索优化。探索实施了清单式项目管理机制,对项目管理中的关键环节步骤进行了优化。(略)

将上述两篇总结进行对比，我们可以发现针对同一主题，因为客观完成情况不同，在写法上自然大相径庭。

从总标题看，第1篇的标题"紧咬目标,园区基础建设成效显著"突出的是结果，用"成效显著"更是对客观成果的自信；第2篇的标题"全力以赴,工业园区建设步伐加快"突出的是过程，以"全力以赴"作为概括和引领，说明将重心放在工作态度和工作方法等方面，强调了"我们工作很拼命"，而并非是"我们工作很有成效"。同时，"步伐加快"的概括判断也显得更加笼统，显得成色不足。

在内容编排上，两篇总结所涉及的客观工作内容自然是一样的，但在具体表述方面仍然有很大区别。第1篇直接铺陈结果，某项工作已经完成，某个项目已经达到什么结果，某件事情已经取得什么成效等。第2篇则"避重就轻"，讲"我们是怎么做的"，从而回避了结果不足的问题，侧重于描述我们的工作过程。

通过上述两篇文稿的对比，可以发现"成绩"这个概念在总结材料中的核心地位。而成绩的表述，也需要我们立足实际情况，灵活运用各种方法，用最贴切的方法加以表达。

不管怎么样，成绩是干出来的，不是吹出来的。希望各位读者将精力集中到干实事之中，同时对文稿也多多推敲、多多斟酌、多多润色，但绝不鼓励各位读者"文过饰非"。

5.1.3　依靠素材，但又不能依赖素材

总结是最依赖素材的公文类型之一。没有素材就去写总结，几

乎是不可能完成的任务。

我们在动手写总结之前，必须要搜集和整理好所有相关的素材。在自己脑子里的，要先梳理出来；在别人手上的，要先拿过来；没有现成的，要先凑起来。只有准备好了素材，我们才能开始写总结。

为了展现总结材料对各类素材的综合运用，创设以下情景和实例：

某国企是新组建不久的投资公司，隶属于某国有集团，负责本地区一部分政府投资项目建设事务。由于该公司成立仅三个月，年终总结的时候刚完成公司组建等相关事宜，在具体工作方面还没有特别的实绩。为撰写年终总结材料，公司负责人召集各部门汇报近三个月的工作情况。

办公室：这三个月，主要是整理好了大家的人事档案，确定了收发文和档案管理，然后根据集团文件精神，自己做了公司里的财务决策制度、财务报销制度、财务审批制度三个文本。以后，就按照这些制度管理公司的财务了。另外，员工食堂正式启用，解决了大家的后勤问题。

融资部：因为领导说下一步要做好贷款和发债，所以我们与县财政局、国资办这些单位做了沟通，还请了信用评级机构对我们公司进行信用评级，现在已经签了合同，准备开始着手处理了。其他事情没有了。

法规部：我们做了三件事，第一个是完成了工商注册登记，包括法人身份登记、公司章程制定之类的，这些都是成立公司必要的，而且在成立之前已经做完了。第二个是对承接工程项目的法律风险做了评估，没有发现什么问题。第三个是聘请某律师事务所的王律师，作为公司的常年法律顾问。

第5章 常见公文类型分析之一
总结计划

规划部：我们编制了区域建设发展规划，为今后工作提供了方向和路径。同时，还谋划了几个新的大型项目，县领导也同意了，正在继续跟进之中。

工程部：我们接受了集团公司转交给我们的五个工程项目卷宗资料，做了妥善保管，另外还熟悉了项目情况，为今后具体工作开展做了准备。同时，我们走访了五个项目的业主单位，帮助他们解决平时的一些难题。五个项目情况如下：项目A完成了前期立项，项目B已经进场施工，项目C和项目D已经完成正在办理验收手续，项目E正在招投标。

党建办：我们主要是组建了公司党支部，选举了支部委员，还组织了第一次主题党日活动。做了一些党风廉政方面的宣传横幅，挂在公司办公的地方，效果也挺好。

上面各部门的信息，代表了三个月来公司的主要工作情况，也是公司年终总结的全部组成内容。

 简而言之，这些就是我们全部的素材了。

对此，我们首先要对各个方面的素材做一个简单的梳理。

办公室：（1）人事档案（2）收发文制度（3）财务制度（4）员工食堂

融资部：（5）信用评估（6）贷款和发债的前期准备

法规部：（7）工商登记（8）法律风险评估（9）法律顾问

规划部：（10）规划编制（11）新项目谋划

工程部：（12）接受项目卷宗（13）协调帮助业主解决问题（14）推进项目建设

党建办：（15）党建工作（16）廉政宣传

通过上面的梳理，我们将各部门比较杂乱的工作情况梳理成16条相对更加具体的事务。我们在第2章已经介绍过，写材料的时候不能直接使用素材，而是要做好甄选和加工。同时，第3章也说明了材料对"高度"的要求体现在我们的归纳能力上。因此，我们在总结里绝不能将16条事情死板罗列出来，而是需要根据其性质加以分类和归纳，再重新修饰润色。

我们先筛选掉不应当纳入总结的工作内容，这里主要涉及两条：第（4）项是内部后勤事务，且过于"细枝末节"，也就是说站在公司整体角度，没有必要"煞有介事"去向上级反馈或向兄弟单位交流。第（7）项是公司成立的前提，某种意义上是"三个月前"的工作，同样也没有必要纳入总结材料之中。

针对剩下的14项工作，我们再按照内外有别的顺序，加以详细区分：

属于内部行政管理的有（1）、（2）、（3）、（15）、（16）。

属于具体业务工作的有（5）、（6）、（8）、（9）、（10）、（11）、（12）、（13）、（14）。

工作事务的内外划分要根据其不同目的而定，比如像（5）、（8）、（9）这类工作虽然涉及内部事务，但与业务完成直接相关，仍然可以放在具体业务里面。

根据单位刚成立的特点，以及业务性质，我们将"应该取得的成绩"分为四个方面。

公司草创运行方面：公司新成立，要让集团领导放心，我们干得很顺利，"上路很快"。于是我们有（1）、（2）、（3）、（12）；

项目推进管理方面：公司负责项目建设，所以要让集团领导知道，我们主业推进很好。于是我们有（8）、（9）、（13）、（14）；

长远规划谋划方面：公司承担了区域开发任务，所以要给集团领导看看，我们是有长远规划综合打算的，而不是只看眼前。于是我们有（5）、（6）、（10）、（11）；

党风廉政建设方面："一岗双责"不能忘，党建和纪检工作必不可少，于是我们有（15）、（16）。

整理完成之后，我们便形成如下总结材料。

某公司201×年度工作总结

某公司自201×年10月成立以来，在集团公司领导的关心指导下，在兄弟单位的支持帮助下，立足职能定位，脚踏实地、开拓进取，围绕四大举措，较好地完成了各项组建工作。

一、建章立制，运行体系全面建立

财务制度、档案制度、收发文制度、项目卷宗管理制度等（略）

二、立足主业，项目管理持续优化

业主服务、项目建设、法律风险管控等（略）

三、谋划长远，区域规划稳步拓展

规划研究、项目储备、融资准备等（略）

四、紧抓不懈，党风廉政全面推进

党的建设、党风廉政、宣传教育等（略）

上述框架，是对公司所有具体工作内容做了一番梳理和重整，并归纳到了四个相对较为工整的标题之下，形成了更有条理的格局，完成了从杂乱无章到井井有条的改变。在具备了框架之后，我们再将相关内容"填充"到对应框架标题之下，便差不多可以完成一份"过得去"的单位总结材料。

> **小贴士** 值得注意的是，不同工作的归纳与取舍，没有标准答案。从上文的实例来说，就算将"四、紧抓不懈，党风廉政全面推进"整合到"一、建章立制，运行体系全面建立"之中，其实也不算错。

5.2 述职述廉，述其他

述职述廉其实是工作总结的一种，大部分情况下是个人总结，有时候也会是整个领导班子的总结。其目的比一般工作总结更加明显，即"展示"领导干部个人或者班子在特定方面的成绩，更加突出成果。同时，这类报告往往会有字数限制，在谋篇布局和取舍详略方面都有比较严格的规范。

近年来，随着干部队伍治理水平的提升，模块化的"述类"文章也逐渐增加。除了最传统的"述职述廉"之外，还出现了"述勤""述绩""述学""述德""述法"等新形式。这些体裁都是从原本的"德能勤绩廉"干部考核标准中分化出来，然后再逐渐演进变化，说明我们对政绩评价的"模块化"管理手段更加完善。与此同时，也考验了"笔杆子"对各个模板的理解水平和掌控能力。

5.2.1 述职是篇幅限制下的总结

工作总结的篇幅规模并没有太严格的规定，一般可以套用往年样式，或者借鉴兄弟单位的篇幅，大致可以划定我们的字数范围，多少偏差一些也无伤大雅。

但是述职述廉报告的字数有明确规定。

第5章 常见公文类型分析之一
总结计划

有些是在上级文件中予以明确，比如文件规定领导干部个人述职述廉报告不超过多少字数。

有些是格式中予以限制，比如一张16开纸张的述职登记表，只能在表格可容纳的版面内完成材料。

有了字数限制，我们必须要考虑篇幅。比如，某领导是单位一把手，个人年度工作总结洋洋洒洒写了十余页，如果要转换成个人述职述廉报告，就可能要在上级规定的字数范围内做文章，简略表述或者删减内容，甚至要"重起炉灶"再写一份。

个人总结写了5000字左右，个人述职述廉报告只能写1200字左右，这背后的删减也确实很费功夫。

在篇幅限制的前提下，我们应当把握好两方面的原则。

一方面，"不废话"原则，也就是说：重要的讲讲，不重要的略过。

如果是我们自己的述职报告，这一项处理还相对较为简单，因为我们可以把握好自己的工作内容，也拎得清轻重。而且，我们的总结报告也只需要对自己负责。

但如果我们是为领导或者领导班子拟稿，要删减舍弃哪些内容，就要费心思量了。在第4章，我们讨论了文章中的哪些内容可以称之为亮点，所提及的方法在这里也同样适用。只不过在实践中，最终舍弃的是哪部分内容，需要根据述职材料的具体目的而定。

比如，在竞争性极强的述职评比场合，我们需要用述职材料"打败"兄弟单位。于是，我们便突出最亮的几个亮点，少讲甚至不讲日常工作。不然，会给评委或者听众留下不好的印象："你看，这家伙没什么好讲的了，居然开始讲这些老生常谈的内容！"

又比如，某位上级领导莅临指导本单位的党组民主生活会，而这位领导又特别关注党建方面的工作，于是，我们在述职材料中可以突出单位党建和队伍建设方面的内容，向上级领导表示我们对相关工作的重视程度。这时，就可以适当删减过于精细的业务工作内容。

但是无论什么样的场合，要删减内容，都需要反复思量，对把握不准的及时请示领导。千万不要把不该删的删了。

案例

某街道党工委书记年度个人述政，要求党政办主任为其撰写述职材料。主任在梳理素材过程中，认为城建办负责的生活垃圾分类处理工作成绩不明显，也不太重要，应予删减，便在初稿中没有反映出该项工作。结果，初稿引发了街道城建办负责人的强烈不满，认为自己的努力和成果被故意忽视，产生了一些矛盾情绪。

另一方面，"高度概括"原则，也就是说：大事化小，小事不能了。

一些工作在总结材料中，可能会用好几句话来表达。但是在限定字数的述职述廉场合，就只能用一两句话来高度概括。主要概括方法是突出结果，以结果论英雄。同时，前文也已经提及，如果工作成果实在乏善可陈，也没有特别突出的地方，那么我们便只能讲过程和方法，同时对过程和方法要加以高度概括。这种思路也可以应用在述职述廉之中。

我们用以下实例说明。

某县政务服务中心加快信息系统建设，并取得了一定的成效，拟在单位总结和领导个人述职报告中予以体现。

在字数不受限的单位总结中，关于该项工作的表述如下：

审批服务信息系统建设大力推进，在全区各职能部门中全面推广应用某某系统，顺利将409项行政审批事务导入系统，覆盖率达到99.7%，覆盖事项数和覆盖率均位居全市第一。

在字数受限的领导述职报告中，关于该项工作的表述如下：

推广审批服务信息系统应用，覆盖409个事项，覆盖率达到99.7%，均位列全市第一。

上面两条表述，第一条相对内容丰富，按顺序讲了工作目的、方法、结果；第二条则只剩下了目的和结果，去掉了工作方法，一方面减少了字数，另一方面也保留了最重要的结果信息，也就是成绩。

如果数据成绩拿不出手，那么我们的写法又可以有所转变。

继续以上文的实例来说明，如果409个事项以及99.7%的覆盖率，在全市排名不高，那么我们的表述可以略微加以调整。

在字数不受限的单位总结中，表述如下：

审批服务信息系统建设大力推进，通过系统整合、数据导入、流程优化等手段，不断提升系统与各审批业务的匹配性，从而加快了在各职能部门中的推广应用步伐。目前，已实现409项行政审批事务导入系统。

在字数受限的述职报告中，关于该项工作表述如下：

审批服务信息系统建设着力加快，不断提升系统匹配性，导入了409项审批事项。

上面两条表述，第一条描述了很多过程和方法，是前文"没有功劳也有苦劳"这一思路的具体体现。第二条在字数限定的条件下，还是保留了过程与方法，减少了结果。

通过上述对比可以发现，对规定篇幅的内容表述，考验的是我

们的信息压缩能力，要求我们在尽可能不损失信息量的前提下，根据我们的写作目的，减少字数，精练表述。

5.2.2 述这述那到底怎么述

述职述廉，以及与其相类似的其他各类"述"的材料，其实都是模块化的工作总结。很多"新人"看到这些新颖的名词就慌了神，不知道该怎么去处理。实际上，这些格式只是按照不同的功能模块，分解了工作总结里的部分内容，然后再补充一些新的内容就可以了。

1. 述廉

述职述廉是比较传统而常见的报告形式，述职部分也即前文提到的业务工作总结，述廉部分则是关于党风廉政和纪律执行等方面的内容，强调的是个人"遵纪守法"，以及对党风廉政建设方面的领导、贯彻和落实。

近年来，随着全面从严治党的强化，以及"两个责任""一岗双责"等制度的推行，党风廉政建设在单位或者个人工作总结中的重要性明显提升，"述廉"模块也不断规范和充实。

对于领导干部而言，因为党风廉政建设的体制机制正在发生转变，与廉政相关的内容都可以纳入述廉部分。

因此，述廉部分一般可以划分为两个方面。

一方面，讲自己是怎么"遵纪守法"的。常见的有几个部分：思想上绷紧党风廉政的弦；政治上坚定思想站位；决策上坚持按制度执行；工作上依章依规办事；财务上严格执行纪律；生活上将"八项规定"落到实处等。另外，还可以陈述自己在平时怎么培养兴趣爱好，怎么净化朋友圈，怎么约束家人，怎么注重自己的言行举止等。这些具体内容的取舍和描述，也可以按照个人岗位特点而定。

第 5 章 常见公文类型分析之一
总结计划

　　分管财务的领导可以多讲财经纪律的执行情况，而对外窗口的同志则可以强调自己的谨言慎行。

另一方面，讲自己是怎么建设和推进单位党风廉政工作的。这部分内容其实跟述职总结一样，只不过工作内容特定于廉政建设方面。比如：推行"一岗双责"，落实"主体责任"，执行"三重一大"制度，排查岗位廉政风险等。

小贴士　　需要注意的是，担任纪检监察岗位的人员，述廉与述职的内容会有很大关联，因为其工作本身与"廉政"是相关的。不同点在于，他们的述职往往是"要求别人廉洁"，述廉则更多的是"讲述自己廉洁"。

2. 述勤

述勤是模块化标准中十分特殊的部分，并不算常见。至于如何述勤，目前也没有明确的定论，具体写法各有差异。甚至有很多地区或者系统，根本就没有"述勤"的说法。

顾名思义，我们应当在"述勤"中多讲讲自己的辛勤劳苦。其中，常见的"述勤"内容，包括以下三个方面。

经常性加班加点的，比如为完成工作主动放弃休假休息时间，有紧急任务的时候做到第一时间到岗就位等。

在平时为人比较任劳任怨的，比如工作中不畏难、不怕烦、不惧矛盾等，强调别人不愿干的事情，自己迎难而上去干了。

在心思方面不悲不喜的，比如一心扑在工作上面，不论个人得失荣辱，只为完成工作任务而全力以赴等。

在实践运用中，这些特点也可以根据不同的岗位角色或者个人角色特点而定。但是述勤部分在篇幅上应当有所控制，因为这一模块大多数是以过程性的工作表现为主，很难有多少亮点可以提炼。如果内容过多，反而容易让他人产生一种碌碌无为的印象。

3. 述绩

述绩是述职中的结果性反映。

如果报告中只有述职而没有述绩，那么我们便按照述职的要求完成业务工作方面的总结，再自然而然地将其归入述职部分之中。

如果报告中只有述绩而没有述职，那么我们便可以将"述绩"看作"述职"的同义词，直接将原来述职的内容改到述绩之中。

但如果报告之中既有述绩，又有述职，那么我们便需要将述职部分加以分割，在述职中讲过程和做法，在述绩中讲结果。

仍然以前面的实例作为说明。

某项政务服务中心关于信息系统建设的成果，全文如下：

审批服务信息系统建设大力推进，通过系统整合、数据导入、流程优化等手段，不断提升系统与各审批业务的匹配性，加快在各职能部门中的推广应用步伐。目前，已实现409项行政审批事项导入系统，覆盖率达到99.7%，覆盖事项数和覆盖率均位居全市第一。

如果拆分成"述职"和"述绩"两个部分，则述职部分如下：

审批服务信息系统建设大力推进，通过系统整合、数据导入、流程优化等手段，不断提升系统与各审批业务的匹配性，从而加快在各职能部门中的推广应用步伐。

述绩部分如下：

审批服务信息系统建设取得成效，409项行政审批事务导入系统，覆盖率达到99.7%，覆盖事项数和覆盖率均位居全市第一。

4. 述学

述学是总结过去一段时间内个人学习方面的成果，强调的是个人技能的提升。

在过去，学习是体制内述职述廉报告中约定俗成的一部分，甚至往往会摆在第一块。因此，过去几年的述职报告会形成常见的"学习情况—工作情况—廉政情况"这三大板块。

随着模块化管理的普及和优化，述学如今也常常独立成章。但其内容还是万变不离其宗，因为体制内常见的学习内容，主要是以下几个方面。

首先，是思想政治方面的学习。特别是中央重要的会议、文件、政策等精神，是必须要摆在首位的学习内容。然后还要学习好上级党委政府的一些宏观战略和重要口号，在思想上要与之保持一致。

其次，是业务技能方面的学习。主要是结合本职岗位工作，讲述如何通过学习专业知识提升自己的业务工作能力。

再次，是领导能力方面的学习。作为单位或者部门的领导者，可以谈谈如何学习领导艺术进而提升自己带领团队的能力。

最后，是党纪党规方面的学习。因为近年来关于党纪党规等方面的新内容较多，对于它们的学习也逐渐成为不可或缺的部分。

上面几个方面的学习内容，根据篇幅限制或者岗位特点而取舍。但无论如何，学习都是比较个性化的部分，需要根据个人具体情况确定和安排内容，无法一概而论。

5. 述德

如果说述绩与述职有雷同或者类似之处，那么述德与述廉也同样有相通的地方，只不过述德的概念外延比述廉更加广泛。在述德概念兴起之前，关于个人品德的叙述大都会放在述廉板块之中，品德也作为个人廉政表现的一部分。

处理述德与述廉之间的关系，也可以参照述职与述绩的处理手法。

如果报告中只有述廉而没有述德,那么我们便按照述廉的套路去写,只不过是在述廉中增加一些个人品行方面的内容。

如果报告中只有述德而没有述廉,那么我们便按照个人品德的标准去完成这一部分。而对廉政的内容可以灵活处理,换个表达方式或者侧重点,纳入述德之中。

如果报告中既有述德,又有述廉,那么便需要将两者的内容加以分割,并将与个人品德关联较大的部分纳入述德部分。而述德部分,常见的可以归纳为生活品德、职业道德、社会公德等几个方面,实践中往往可以简单化处理,将每一种品德用一两句话加以概括。

6. 述法

随着依法治国理念的兴起,述法在体制内外的重要性也在提升。特别是一些注重依法行政、依法治企、依法管理的系统和单位,会要求述职报告涉及一部分关于法治的内容。

在实际处理中,述法也是一项综合性工作,往往需要我们从多个部分中摘录出来,"凑出来"一部分与"法"相关的内容。比如,述职关于法制建设的内容,述廉中关于依法做事的内容,述勤中关于法治落实的内容,述绩中关于建章立制的内容,述学中关于学法用法的内容,述德中关于遵法守法的内容,都可以抽离出来,单独成为述法的一部分。

如果个人岗位工作便是与行政执法工作相关的,那么述法也可以当做工作述职的组成部分,在述职中加以阐述。

5.3　工作计划

有谋划必有落实,有问题必有对策,有总结必有计划。

工作计划本身应当是工作总结的一部分。领导要求我们撰写一份工作总结,在很多时候都默认为包括工作计划的部分。

一份完整的工作总结,其实要包括三个部分:总结—问题—下一步打算。领导要我们写一份总结,我们可不能单单只写"总结部分"。

计划部分与总结部分相比,表面上更加自由,可以天马行空,但实际上却同样需要谨慎对待。因为我们制订一份工作计划,也必须要考虑目标、条件和路径等各项因素。

5.3.1　计划的虚实表述

计划设定的目标,会有虚实之分。所谓制订工作计划,就是要处理好虚实之间的关系。所谓实,指的是具体工作要有具体的目标节点,或者可以量化的指标,或者有具体的事项名称,在整体上较为清晰明确。所谓虚,自然便是与"实"相反,指的是没有可量化的或者比较明确的目标节点,主要讲讲工作的标准要求或者路径做法。

我们先来看一则实例。

某市政府工作报告中,关于城市管理一节提出了以下六项任务:

（1）实施信息基础设施建设三年行动计划，新增光缆2185公里、公众无线通信基站2232座、公共区域WLAN热点179个。

（2）建设大数据中心和大数据产业园，加快落实"互联网+智慧能源"项目。

（3）深化公安改革，推进警务机制创新，建立健全立体化、信息化社会治安防控体系和快速反应机制。

（4）加强农村社会治安管理，完善乡村道路标识标志。

（5）加大食品安全监管力度，积极创建省食品安全城市。

（6）深化城市管理执法体制改革，推进城市综合运行平台建设，专项整治城市违法建设和"七乱一占"行为。

在上述工作计划中，我们可以逐步分析出各个部分的虚实类型。

任务（1）是"实"的，因为明年新增光缆、基站、热点的目标，都有了具体的数据。

任务（2）是"虚实结合"，因为其中虽然点出了两个项目，但是没有具体的任务节点布置。

任务（3）是"虚"的，因为主要是点出公安改革的路径，描述了改革之后的理想状态，但是并没有提出具体的目标。

事实上，关于制度改革或者方法优化等方面的工作任务，基层都很难设定出具体或者量化的目标，大多数都会采取"虚"的表述。

任务（4）是"虚"的，因为只点出了工作内容，没有具体的任务目标，也没有可量化的数据支撑。

任务（5）是"实"的，因为创建省食品安全城市本身是一项综合性的"大事件",完成创建任务便意味着一系列具体目标的实现。

任务(6)是"虚"的,因为只是点出了城市管理执法的几项工作,包括体制改革、平台建设、违法行为整治等,但没有设定具体的计划目标。

虚实相结合的表述,可以充实计划内容,应对不同场合下的不同情况。在具体应用环节,我们还是要遵循"以实为主、以虚为辅"的原则。

以实为主,就是有明确目标或者有可量化指标的,就尽量在计划中表述,做到清晰明确,一目了然,事后也可以追溯评价。

以虚为辅,就是在缺少"实"元素的前提下,通过设定路径、描述理想状态、点出细分内容等手段,勾勒工作蓝图,明确工作路径。

有实用实,无实就虚,是我们起草工作计划的主要原则和思路。而虚虚实实,也是撰写工作计划的技巧奥妙。

在实践中,还需要注意"写材料"与"干事情"相互融合。某项工作写到计划里之后,如果有可能会变成考核考绩任务,那么对这项计划的表述就要仔细斟酌。

5.3.2 不应疏忽的语言时态

英语里有时态之分,过去时、进行时、将来时、虚拟语态,告诉我们某件事、某个动作、某个活动是已经发生了、正在发生的、将要发生的，还是假设发生的。

在中文里，动词没有时态之别，但并不意味着描述事物不需要时态之分。无论古今中外，无论何种语言体系，对事物的描述一样会有时间点上的不同。汉语语境下的公文材料，也需要通过其他方法，来精准表达时态元素。

这也表现出了工作计划与工作总结之间的不同。计划是讲将来的，而总结是讲过去的，时态上截然不同。在实践中，因为汉语的特点，我们容易疏忽计划与总结的时态之分。

下面继续围绕上一节的实例，用两句话来分析不同时态下的语言表述特点：

甲：加快信息基础设施步伐，全面落实"互联网＋智慧能源"项目，大力推进警务机制创新，建立健全立体化、信息化社会治安防控体系和快速反应机制。

乙：信息基础设施步伐加快，"互联网＋智慧能源"项目全面落实，警务机制创新有力推进，立体化、信息化社会治安防控体系和快速反应机制建立健全。

仔细斟酌上述两句话，可以感受到因为语句中动宾结构的变化，语言的时态表述就有了区别。

前者是将来时态，意思是未来要做这些事情，可以用在工作计划、下一步打算、今后安排等方面。

后者是完成时态，意思是这些事情已经做到位了，可以用于总结过去工作的完成情况。

另外，除了动宾结构变化之外，我们还可以添加一些特定的字词，让时态的表达更加精准。

表示将来的常见字词是"要"。"要"加快建设步伐、"要"推进机制创新、"要"做好项目建设工作等，都是表示今后的工作方向和目标。

表示完成的常见字词是"了"。加快"了"建设步伐,推进"了"机制创新,做好"了"项目建设等,都是表示过去工作的完成情况。

因此,在口语表达上,根据不同场合使用"要"和"了",就可以清晰表达出时态的特点。比如,在领导讲话稿之中,我们用"要"来强调下一步应该做些什么,或者应该怎么做,而用"了"来表示前一阶段哪些工作完成得怎么样了。

5.3.3 怎样让计划振奋人心

在撰写工作计划的时候,领导会希望我们提出一些比较响亮的口号和举措,让计划部分的内容更有亮点,更能振奋人心。

这主要有"对内"和"对外"两个方面的考虑。

对内,可以提振团队士气,阐明我们接下去要做什么,会实现什么目标,大家会得到什么样的成就。

对外,可以展现团队风貌,展示出我们的眼光、意志和手段,表示我们将会"干一番大事"。

工作总结没什么亮点,常常意味着我们过去的工作成果不突出。为此,我们需要在计划里多提一些亮点,展现出我们"大打一场翻身仗"的信心和决心。

但是振奋人心的计划,仍然是要建立于实实在在的工作基础之上,以具有实际价值的预期成果作为依托,而不是不着边际地"吹牛"。作为"笔杆子",我们或许影响不了领导的决策,但在文字表达方面,我们仍然应当思考如何让原有内容更加出彩。

1. 框架上要气势充足

下一步的工作主要包括若干项措施的时候，我们可以概括为"四大战略""六项行动计划""八场战役"等，然后再配合"高大上"的格调，使原本"平淡无奇"的文字显得更具系统性，从而凸显气势和力量。关于这一块，可以参照本书第 4 章关于亮点呈现方式的介绍。这种呈现方式对于工作计划部分更具参考价值，也更能提升文字表达效果。

2. 板块上要考虑周全

工作计划应当尽量涵盖单位内部的各条工作线，对各个部门都有提及，考虑周全，应有尽有，避免遗漏。除非是一些纯粹服务于本单位内部管理的事项不适于对外表达之外，原则上所有关系业务领域的工作，都应当有所展现。

3. 内容上要表达精准

一份经过深思熟虑的工作计划，在客观上应当是可以实现的，也就是说具有现实可行性。同时，也应当是有前瞻性的，具有一定的实现难度，需要我们加把劲去努力，而不应当是轻松"躺赢"。不具有可行性的计划，是空中楼阁，徒伤团队士气；缺少前瞻性的计划，则容易消磨志气，不利于工作开展。

具体如何做到可行性和前瞻性的均衡，当然是领导层面关注的事情，并不是我们文字工作者主要考虑的问题。但是我们要保证文字表述是精准的。特别是什么事项，预期实现什么样的目标，我们要做出精确的表述，审查计划的主要内容，以免因为我们的失误，而造成计划目标的偏颇。

常见的"争取"实现某项任务，与"确保"实现某项任务，这两种说法是截然不同的概念，不能随意混用。

5.4 信息简讯

将信息简讯归纳到总结计划这一章里,可能会让很多读者心生疑惑:这两者截然不同,严格说是两种不同的公文文体,为何能相提并论?

因为在实务中,我们可以将信息简讯看作一种特殊的总结计划。它简短、精练、主题鲜明、重点突出,有其自身的行文规律和审美诉求,但这些规律和诉求,其实与总结计划文体有异曲同工之妙。因为信息简讯同样是介绍前一阶段工作的过程和结果,本质上同样是对素材进行回顾、梳理与整合的过程,目的就是以最好的方式,将这些过程和结果予以展现,从而赢得上级肯定。

简而言之,信息简讯是短小精悍版的总结计划。关于总结计划里的技巧,在信息简讯中都是可以套用。这也是本书将信息简讯归纳到总结计划章节的主要原因。

5.4.1 信息简讯的三大特点

信息简讯的特点可以简单归纳为三点:一是评判标准简单;二是主题内容明确;三是数量庞大繁杂。

1. 评判标准简单

判断一则信息简讯写得好与差,有十分简单而且"功利化"的评判标准。

前文已经提及,公文的成败主要是看其是否达到目的,而公文目的则因为每篇公文的性质不同而有所差异。那我们为什么要写信息呢?

笼统地说,是宣传自己的工作成果,争取得到上级领导的肯定和社会各界的支持。从具体结果上看，如果一则信息能被上级单位录用，或者能刊发在各类新闻载体上，又或者能得到领导的肯定批示，那么就意味着其目的达到了，也就意味着这篇信息简讯写得很"成功"。

小贴士 每个单位都有信息宣传工作的考核任务，也体现出了信息简讯写作的目标方向。这些关于信息工作的考核指标一般会包括几个方面：信息被上级录用了几篇、信息被发表在什么级别的媒体上、得到什么级别的领导批示等，说明了信息简讯这一文体的使命和价值所在。

因此，信息简讯写得好不好，就是看这篇信息简讯是否有助于完成上面的这些考核任务。有时候，我们为一篇信息简讯花费了大量的时间和精力，拿出的"成品"在文字上也可谓精益求精，但如果没有被录用，或者没有达到其预期的目标，那么这篇信息简讯就只好消失在茫茫"文海"之中。同时，我们为这篇文稿所付出的努力，可能也"付诸东流"。

平心而论，信息简讯能否被上级采纳录用，更重要的是信息的主题和内容。比如，一些信息所涉及的工作，是当前上级领导比较关心关注的，自然就容易被录用。比如，信息简讯里提及的工作过程和方法，正好解答了上级单位所困惑的问题，那也有很大机会得到领导的批示。相反，如果信息的主题或者内容并不太重要，或者有些"不合时宜"，就有可能会被上级忽视。

对于"笔杆子"而言，我们不一定有机会去选择主题，但是仍然要尽自己所能，提高文稿的质量，整合出亮点，努力让信息内容显得更加"独特",进而离我们的目的也相对更近一些。

2. 主题内容明确

信息简讯的主题内容,大部分是围绕某一件事,或者某一件事的某一方面,相对明确而单一,一般也不需要我们思考太过复杂的内容。

工作中最常见的信息简讯,往往是一条关于某项工作已经完成的"新闻",言简意赅地阐述客观情况,最多加一些事件的前因后果,而不会多去讨论这项工作的问题、原因、对策等。我们所需要做的工作,就是用尽量简洁的语言,客观地去描述这件事情。

所谓客观描述,意思是工作及其成果是客观的,但是这些成果有什么价值、作用和意义,则是可以深入挖掘的,不能单单停留在表面。

因此,信息简讯也可以说是一种比较"单纯"的文体,由于篇幅和主题限制,它不需要考虑太多的角度、高度或者深度,仅仅是一种描述。于是,许多单位将其作为对新人的考察和磨炼,希望从中发现具有成为"笔杆子"潜质的年轻人。

3. 数量庞大繁杂

信息简讯十分常见,可能是数量最为庞大繁杂的公文类型,甚至可以说随处可见。

比如,某部门组织召开了一次会议,就写一篇关于某某部门召开某某会议推进某某工作的简讯;某单位统计汇总了一项数据,就写一篇关于某工作数据情况如何的信息;某地方完成了一项工作,就写一篇该地采取什么样的举措确保某某工作顺利完成的信息。

一个单位信息简讯的数量，其实跟领导对这项工作的重视程度关系很大。如果单位领导特别重视信息工作，那么这个单位每天都会"产出"若干篇工作信息，然后纷纷往上级单位、新闻媒体等方向报送，以宣传某些工作的过程和结果。更有甚者，还将信息简讯作为单位的日常总结，要求内部各部门在每天工作结束的时候，以撰写信息简讯的形式，总结当天的工作情况。

因此，信息简讯篇幅大小不一，内容也"五花八门"，甚至写作手法和行文风格都完全不一样，但本质上都是对某一阶段各项工作的回顾和总结。

信息简讯数量多，其中大部分是日常性工作，不需要精雕细琢。我们应当将精力放在少数"事关重大"的信息简讯上，确保这些关键信息简讯能够达到目的。

5.4.2 信息简讯的写作技巧：类型不同写法不同

综合上述三个方面的特点，我们可以摸索出信息简讯的逻辑关系，从而确定信息简讯写作的方向和重点。

1. "新闻式"信息：开门见山，言简意赅

"新闻式"信息简讯数量最多，主要针对某一具体工作事务，通报其完成情况。这类信息简讯的目的，是第一时间向领导报告该项工作进展，并向社会公布相关内容。因此，时效性是这类信息的生命。

对于这类信息简讯，原则上今天发生的事，在今天就要写成信息简讯并报送。实践过程中，有些单位会提前一天写好信息简讯，待工作完成后马上上报，以确保时效性。

因此，这类信息的特点是言简意赅，在最短时间内，用尽可能少的语言，将某件事情描述清楚。同时，我们要考虑到，确保时效性是基于一种"趁热打铁"的意识，是希望借助刚刚完成的一项工作或者一场活动，将主题事件及时通报或者公布，以得到上级领导的肯定和社会各界的认同。如果时间过去太久，这件事早就被人遗忘，重新再报类似的信息简讯，效果要大打折扣。

为此，我们可以对这类"新闻式"信息简讯建立如下的逻辑关系。

第一步：某月某日，我们做了某项工作，做的情况是这样的。

第二步：这项工作意义重大，对某某事情有重要的意义和作用。

第三步：今后，我们在这项工作的基础上还将怎么做。

按照上面的逻辑关系，我们便可以初步搭建起一篇"新闻式"信息的大体框架。

第一段：开门见山点出主题，一句话概括时间地点人物事件。

第二段：简单介绍下这件事的经过和情况。

第三段：强调这件事的价值和意义。

第四段："表态式"说明今后还将怎样"更上一层楼"。

由于信息简讯字数有限，所以上述几个段落的表述都应该注意篇幅问题。

我们仍然以一则实例来说明:

背景:某县民政局审批窗口举办某某业务学习会,要求撰写一篇信息简讯并报市民政局。

从上述背景看,这则信息的主题内容并没有什么"大不了"的重要事情,而只是一项日常工作的反馈。因此,注重时效性的"新闻式"信息,是最合适的表达类型。

各县民政部门可能都会召开这类业务学习会,导致这种信息简讯的主题内容并没有什么特别创新的地方,大家的写作水平都差不多,可谓例行公事。谁先报信息,谁就有更大可能被市民政局录用。因此,时效性是这类信息的生命力。

按照上述逻辑关系,我们加以梳理,便形成如下文稿:

×月×日,某县民政局召开××为主题的业务学习会议,全体窗口工作人员参加会议,会议由某副局长主持。

会上,某科长首先针对某某规范性问题做了讲解,并进行了现场操作演示。演示完成之后,针对演示过程中的具体细节问题进行了讨论,帮助窗口工作人员进一步加深对某问题的理解和认识。之后,某副局长组织学习了××法律法规,强调要切实加强依法行政的意识,全面掌握××工作流程,为今后××工作的开展做好准备。

通过此次业务学习会,某县民政局全体窗口工作人员对××等审批事项加深了认识,得到了收获和启发,进一步绷紧了××、××、××这"三根弦",为某业务的全面铺开奠定了坚实的基础。

下一步,某县民政局将进一步提高对某业务的标准和要求,提升××工作的运行效率,加强××领域的规范性,为我市民政系统××战略目标的完成做出更大的贡献。

上述信息简讯,便是典型的"新闻式"稿件,也是对这条逻辑链的完整阐述。

信息的开篇,便用一句话直接说明此次要报道的主题和事件,做到了"开门见山"。

之后,用几句话便铺陈了此次业务学习会议的过程,也就是罗列了第一阶段做了什么,第二阶段做了什么,第三阶段做了什么,简明扼要地阐述整个过程。

第三段,说明了开展此次活动的意义,取得了什么样的成效。这些成效可以是"务实"的数字或者过程,也可以是较为"务虚"一些的变化与进步。在上文的实例中,主要是加深认识、得到启发之类,都是"务虚"类型的成效。但如果有更加"务实"的成果表述,则可以让信息内容得到充实。

    所谓"虚虚实实",介绍成绩往往"实"比"虚"要好。

最后,该篇信息以"表态式"文字作为结束段,表明这项工作在今后还将继续得到重视,并持续推进。当然,实务中这一部分并非必要,可以视情况而定。

在实践中,大部分的日常性信息简讯,都可以按照这种逻辑关系进行铺陈。总而言之,因为对时效性的追求,此类信息必须注意语言的简短和精炼,并要快速向读者传达关键要点。

2. "经验式"信息:逻辑清晰,亮点纷呈

"经验式"信息是信息简讯文体中的重要组成部分,也往往是

领导最为看重的信息类型,并且最容易得到上级单位的录用或者上级领导的批示,不但对单位的信息工作考核有举足轻重的影响,而且通过经验的宣传介绍,对该项工作面上的推进也大有裨益。

所谓"经验式"信息,主题内容一般包括某地区或者某单位做某项工作的方法与技巧。写这类信息的主要目的,是介绍自己的工作成果,以及展现这些成果背后的能力水平。其中,展现能力水平,特别是在上级单位或者上级领导面前,"证明"我们在某方面有更强的能力和更好的业绩,是这类信息最主要而且"赤裸裸"的目的。

为了达到这个目的,捕捉亮点就显得极为重要。

 本书第4章中关于材料亮点的一些技巧,在"经验类"信息中运用最多,而"经验类"信息也是最需要亮点的公文文体之一。

因此,经验式信息的逻辑关系便显得极为简单,就是包括两个步骤。

第一步:我们某项工作做得超好,有过硬成绩为证。

第二步:之所以做得这么好,是因为我们采取了这么几项举措。其中,第二步的内容是最为主要的,也是"经验式"信息的核心。

从上述的逻辑关系出发,"经验式"信息主要注意几个问题。

首先,工作成绩必须要有,而且要令上级领导振奋。因为此类信息所阐述的"经验",应当是有价值的,而这种价值体现在工作成绩上。如果没有成果作为支撑,那么我们所谓的"经验",也只能说是"自娱自乐",或者说是"自以为是"的经验,已经"输在起跑线"了。

其次,工作经验必须要有归纳,井井有条。一般会列出几个小标题,来概括工作做法,以确保文稿具备严谨的框架,有主有次,有大有小。如果全部举措都笼统整合为一大段,便容易让人"云里雾里"。

最后,每条工作经验应当有对应的"小成效"。工作经验列出几点,每点经验都应当点出其"小成效",这些"小成效"最后汇聚为整篇信息开局部分的"大成绩",完成"化零为整"的过程。

我们以一则实例来说明。

背景:某镇政府"五水共治"工作成果突出,在年度考核中获得全县第一名的成绩。为宣传成果,镇政府拟撰写一篇经验信息报送县府办。

这类信息便是典型的"经验式"信息,前面的成果指的是全县第一,全县第一的成果又可以支撑起我们提炼出的工作方法。对此,我们根据镇政府的具体举措,形成如下经验信息。

某某镇"五水共治+"打造治污新格局

今年以来,某镇在县委、县政府××战略的指引下,自觉践行××发展理念,坚持以生态文明建设为引领,围绕"五水共治+×"打造治污新格局,全年××等指标分别完成××%、××%、××%,均位列全县第一,被评为县"五水共治"优秀单位。

一、坚持"五水共治+项目建设",抓好治污源头。紧紧抓住源头防控的关键环节,全力控制项目建设中产生的污染问题,有效遏制农村面源、点源污染。今年以来,××等重点项目相继落地,约××台机器设备和××××名施工人员入驻我镇,给我镇治污工作造成压力。对此,我镇绷紧"五水共治"这根弦,落实"三个强化"措施,实现所有项目工地污水零直排,镇辖区内河流水质始终维持在Ⅰ类标准。一是强化责任落实。建立项目挂钩联系制,由镇"两委"主要领导一对一联系重点项目,深入一线,承担起项目污染治理职责。二是强化督促协助。全力督促协助施工方落实治污措施,帮助施工方结合地方实际情况,制订治污方案,完善治污管理体系。三是强化制度执行。严格规范建筑生活垃圾处理过程,对未接入排污管网的临时工棚坚决不允许住人,有效防止了项目建设中的生活排污问题。

二、实施"五水共治+环境整治",打牢治污基础。一是依托"三改一拆",凝聚治污合力。联合县城管大队,对占道经营、乱占用、乱堆放、乱排污水进行专项整治,纠正相关问题××处。二是依托"百日攻坚",突出治污分量。开展"环境整治百日攻坚行动",在全镇范围内成立由驻村干部和村"两委"干部组成的自查自纠组,对治污项目和河道卫生进行重点排查,累计排查问题×××余处,整改问题×××个,整改率××%。三是依托"美丽乡村",巩固治污成果。全年完成植被补种××处、新建沉渣池×个,完成×个村的管网提升改造工程。

三、推行"五水共治+基层党建",凝聚治污合力。一是以治污为党建活动载体,营造社会氛围。在当前正在深入开展的某某主题学习教育活动中,将"五水共治"作为平台载体,积极组织党员干部参与到河道保洁工作之中。特别是在主题党日等活动中,安排各村党员、入党积极分子开展河道清理等义务劳动,取得良好的经济社会效益。二是以治污为党建目标导向,提升管理水平。将"五水共治"中的薄弱环节,作为主题教育中的突出问题导向,列入重点整改任务清单,从严从实解决矛盾问题,建立长效管理措施。今年以来受理相关问题××个,均得到及时有效解决。三是以治污为党建考核依据,健全责任机制。将治污成效纳入基层党组织班子考核,并将"五水共治"考核设为村主要干部工作业绩考核体系中最重要的组成部分,以党建考核"指挥棒"作用助力"五水共治"。成立包片领导、包村干部组成的交叉检查组,开展片村之间的交叉检查活动,并在全乡乡村两级干部大会等场合通报检查结果。全年开展交叉检查×次,检查问题×处,发放整改通知×份,现场整改问题×处。

上述是典型的经验式信息,其逻辑关系也很明确:我们在"五水共治"这项工作上做得好,所以现在来介绍我们是怎么做的。

首先,对标题做了斟酌,引入了"五水共治+"这种比较新颖的词语,组建起一条相当精练的标题,可以更好地吸引领导或者同僚,引导他们产生"读下去"的欲望。

本实例写作于2015年,当时"互联网+"的概念正在兴起,各种名词带"+"成为一种潮流,一时流行于体制内的各类材料之中。

其次,本实例的开头就明确介绍了成绩,包括了相关指标位列全县第一、获评优秀称号等,有明确而过硬的标准来突显成绩优越,进而也说明了相关经验举措都是有实际效果的。因此,可以吸引领导或者同僚继续看下去。

最后,按照项目建设、环境整治、基层党建三大部分,将经验举措分为三大点,形成了经验部分的总体框架。在此基础上,对标题加以斟酌润色,使其更加工整精练,再配合相应的内容,便可以支撑起这样一篇经验材料。

这些内容当然是取自真实工作之中,并不是单纯靠"妙笔生花",我们关注的是用合理的方式去展现出客观的过程,而不是沉迷于"胡编乱造"。

经验信息的可贵之处,是分享先进的工作方法和经验,也是互相学习、提高能力的渠道。我们在日常工作中,也可以看看其他单位发布的经验信息,从中获得启发,改进自己的工作方法。

3. "通讯式"信息:娓娓道来,兼顾文笔

"通讯式"信息是"新闻式"信息的"升级版",一般会在信息内容中设计一些故事情节或者人物对话,并且在过程介绍方面会更加具体。

在大部分情况下,"通讯式"信息在新闻媒体上较为常见,但并不适合追求简洁严谨的公文,在公文体系中可以算是"另类"。但近年来,随着现代互联网融媒体的发展,以及各级宣传工作"接地气"的方向和要求,"通讯式"信息凭借更强的可读性和趣味性,能更好地吸引社会各界的读者,特别是能吸引一部分不喜欢"模板式"的体制外读者,从而在信息宣传工作中占据了"一席之地"。

"通讯式"信息承担了与"新闻式"信息截然不同的目的,两者之间也存在着一个微妙的区别:"新闻式"信息面向体制内,主要是给领导看的;而"通讯式"信息面向体制外,主要是给群众看的。

前者言简意赅,时效第一,强调第一时间向领导汇报工作,方便领导快速掌握关键信息;后者娓娓道来,兼顾文笔,强调用生动易懂的语言向群众通报情况,引导群众关注某项工作。因此,两者的"受众"截然不同,也导致了在立场和写作方法上略有差异。

当然,这一判断也仅仅是基于惯常的经验,不能一概而论。如果县里写的通讯登上了中央或者省里的媒体,那么县领导也一样会成为这篇通讯的"受众"。

为迎合受众的特点和喜好,我们写"通讯式"信息的时候,就

需要有更加"平实"的心态，摆脱制式公文的思维模式，融入一定的"讲故事"元素，让文稿有"可读性"。因此，"通讯式"信息更考验文笔，也更花费时间，是必须"煞有介事"去写的材料，不可能像"新闻式"信息那样可以做到"批量日产"，所以其数量相对较少。特别是有些单位的日常工作以"对内"为主，一年到头也没有几件事需要"大费周章"地向群众展示，对"通讯式"信息的需求也更少。

为介绍"通讯式"信息的特点，我们以一则实例展示。

背景：某县烟草专卖局对零售许可证的办理流程加以改革，实现了证照办理"零跑腿"，要求以此为主题撰写一篇"通讯式"信息。

该信息的目的，是向社会"广而告之"证照办理这项工作的新流程和新面貌，其目标读者是体制外的社会各界群众。为此，需要在文稿里增加一部分"故事性"元素，让文稿更加贴近普通人的阅读口味。为此，结合该局的具体工作内容，形成以下通讯信息。

某某县烟草零售许可办证实现"少跑腿""零跑腿"

"感谢您为我操心了，不到半个月的时间，不用到县城跑一趟，我的烟草零售许可就办下来了！真想不到啊！"不久前，家住某镇的零售户老李拿到烟草零售许可后，不禁高兴地拉着客户经理某某的手，表示谢意。

客户经理某某则谦逊地告诉老李："这是我应该做的。如果要谢，也得谢谢我们烟草行业对整个零售许可管理的改革提速措施，让现在的办证真正实现了少跑腿、零跑腿！"

烟草零售办证难，是普遍存在的行业性难题。某某县是如何结合实际，切实解决群众办证堵点，实现"少跑腿""零跑腿"的呢？

依托"多证合一"让客户"少跑腿"

"现在不再单独打印纸质的烟草专卖零售许可证，零售许可事项已经整合到工商营业执照上，经营主体实现了'一证一码走天下'，比以前方便很多。"客户经理某某解释道。

自××年×月×日起，全省实行"32证合一"，烟草专卖零售许可证整合到了营业执照中。为此，某某县局按照"老证老办法，新证新办法"的原则，对涉及烟草专卖零售许可证新办、变更、延续等许可类事项的，在县局审批同意后，由市监部门在营业执照经营范围中标注，不再制作发放纸质烟草专卖零售许可证。原来已经发放且在有效期内的许可证继续使用，到期按"多证合一"的要求，逐步更换为新版工商执照。

同时，某县局分公司打通了烟草专卖零售许可管理系统与工商电子营业执照系统的数据壁垒，在办理零售许可过程中，充分利用申请人的工商电子营业执照数据进行相关审核，不再需要申请人提交纸质工商营业执照，打通了原来办理过程中需要提供营业执照的堵点问题，从而实现了便捷准入，大幅度缩短了烟草零售经营户从筹备开办到进入市场的时间。

依托优质服务让客户"零跑腿"

新的便捷通道建成后，怎样进一步解决"通道"路上的堵点问题，将"放管服"改革向纵深推进？

某某县局分公司以"让数据多跑路，群众少跑腿""我们多跑腿，群众零跑腿"为措施，不断优化客户服务，让群众办证真正实现了"零堵点"，踏上了"高速路"，做到了"最快捷"。

利用"互联网+服务"，让办证像"网购"一样方便。某某县局分公司就充分利用网上办证系统，成功搭建了"网上申请、自动受理、在线审批"的网上办证服务流程，烟草专卖零售许可证新办、变更、延续、停业、恢复营业、歇业、补办全部在网上办理，并实时与工商部门的营业执照管理衔接，审批时限从过去的15个工作日提速至 8 个工作日。

实行"烟草代跑服务",进一步推动"群众少跑腿、群众零跑腿"。考虑到"互联网+服务"覆盖面不足的问题,某某县局分公司进一步延伸拓展了便捷服务,针对山区、农村偏远地区和有特殊需要的群体,推行上门受理、就近受理服务,由客户经理进社区、进村寨,为群众提供代办服务,更是极大方便了零售客户。正是通过"烟草代跑",实现了服务的全覆盖,也让客户基本实现了"零跑腿"。

对烟草零售许可的改革提速,客户经理某某就深有感触:虽然现在一线员工更加要"多跑腿"了,肩上的担子也更加重了,但客户实现了"最多跑一次",甚至有时"一次都不用跑",即使再辛苦也虽苦犹荣。办证之变,显示出行业的服务水平跃上了新台阶,而群众"零跑腿",更让我们与客户之间实现了心连心、"零距离"。

上文实例与"新闻式"信息相比,最直白的特征是文字更多,篇幅更长,简而言之便是文字表述更加"拖泥带水"。而这种"拖泥带水"便是为了保证文章的可读性而不得不增加的描述性文字。放在"新闻式"信息里,这些内容显得累赘而毫无必要,甚至会被领导认为是"幼稚之语"。但是在"通讯式"信息里,这些内容不可或缺,是确保这类文章"有人看"的关键。

在实例中,主要是运用了两方面的技巧。

一方面,增加了人物对话。开篇便站在被服务者的角度,通过他们的"发言"来肯定这件事物。这主要是考虑到人物对话的形式,相比平铺直叙的描述而言,有更强的故事性色彩,也能给读者一些"可读性"或者"趣味性"。因此,设计人物对话的手法,在"通讯式"信息中会经常用到,可以增加一些临场感,帮助信息摆脱过于死板的问题。

另一方面,增加了设问环节。"通讯式"信息可以设立一些问题,

引导读者去思考,再结合通讯内容的展开,逐步解答问题,解开读者的疑惑。这种"自问自答"的内容设计,也可以起到一定的引导作用,增加读者的阅读兴趣。

除了上述两种手法之外,我们还可以设置简单的情节,以讲故事的方式来展开;或者可以围绕某个具体人物,描写人物经历,通过经历来反映出某项具体工作的成就。

各位读者可以上述主题内容为素材,试着将其改写为"新闻式"信息或者"经验式"信息,体验三类信息的不同。

5.4.3 学写信息的轻重与取舍

信息简讯主题多变,内容多样,形式多种,看上去好像是一种简单的公文文体,但实际上要写好也很难。很多单位写信息,都盼望着能引起上级领导的注意,或者能得到上级领导的批示。但实际上,要写出一份能让上级领导"刮目相看"的信息,却十分不容易。

一些单位在准备撰写一篇重要信息的时候,甚至会组织"笔杆子"彻夜讨论,精益求精,才能拿出一份相对满意的稿件。报上去之后,还会通过各方面渠道,送到上级领导的案桌上,希望得到上级领导的肯定批示。这背后凝聚了多少人的努力和心血?所谓"台上一分钟,台下十年功",这句话用在这里也不为过。

因此,学会写信息,特别是写高质量的信息,需要长期不懈的经历和磨炼,并非一朝一夕可成。对于新人而言,在开始学习的时候,可能会想找到一条让人"事半功倍"的捷径。

综合上文所述，信息简讯可以分为三种：新闻式、经验式和通讯式，它们的侧重点不同，写法也有所差异。如果我们的学习时间或者学习能力有限，不能兼顾的话，则需做到有所侧重，有所取舍。

取舍的标准，可以归纳为三句话："新闻式"信息是必备的，"经验式"信息是锻炼人的，"通讯式"信息是锦上添花的。

首先，"新闻式"信息是基本的类型，也是必须掌握的基础技能。因为这类信息数量多，无论在什么岗位，都有可能接触到，是我们日常工作内容之一。而且，"新闻式"信息篇幅较小，需要统筹考虑的内容不多，主题单一，特别适合新手培养公文式语言的语感。在实践中，学会写"新闻式"信息也是公文写作的起步，许多"笔杆子"一开始并不在文秘岗位上，而是在其他岗位上尝试写这类"新闻式"信息起步，慢慢崭露头角，进而被领导垂青，逐步得到更多锻炼机会，从而成为一名专职文秘人员。

其次，"经验式"信息是进阶的标志，也是锻炼提升的必要渠道。这类信息是对个人综合能力的考验，需要我们学会分析一项具体工作的前因后果，学会将若干措施分类"包装"，学会提炼"吸引眼球"的大小标题，等等。因此，如果能熟练地写好一篇"经验式"信息，那说明我们无论是在写作这件事情上，还是在写作之外的事情上，都差不多可以"独当一面"了。

最后，"通讯式"信息是经验的补充，也是锦上添花的组成部分。实践中，这类信息本来接触的机会就少，再加上它们往往会有媒体编辑等外部力量帮我们加以修改润色，不需要我们操心太多。如果是特别重要的宣传任务，还会直接委托专业新闻记者撰写，我们只需要提供素材资料，参与起草的机会较少。但尝试着写"通讯式"信息，可以丰富岗位上的成长经验，也有助于个人的多元化发展。

第6章
常见公文类型分析之二
调研课题

本章所介绍的调研课题类公文,可能是所有常见公文文体中最富有学理色彩的部分,与一般的学术论文有几分类似。同时,这类材料又常常是"大块头",篇幅较长,涉及内容综合性强,又偏向于相关专业领域。因此,很多新人会觉得这类材料难度大,内容复杂,怀有畏难情绪。

6.1 调研报告

调研报告之所以难写，主要是有两点难处：第一是不知道写什么；第二是不知道怎么写。

其实，调研报告是针对某一具体问题所撰写的一份综合性分析材料。虽然行业不同、主题不同、目的不同，问题也各不相同，但调研报告的格局却"万变不离其宗"，都是按照现状介绍、问题分析、对策建议这三个步骤铺陈内容，与学术论文十分类似。

6.1.1 现状写得透不透，是态度问题

调研报告的现状部分，可能不是文章最有价值的部分，但却是最能够体现我们写作态度的部分。

领导要求我们撰写一份调研报告，如果我们对问题把握不清，或者对建议拿捏不准，那可能是水平问题，情有可原。但如果连现状介绍都写得不清不楚，那必然是写作态度的问题了。

好的现状介绍，应当具备有名有姓、有数据、有案例这"三有"标准。

有名有姓，意味着这部分要点出明确的调研对象。这是调研报告的基础所在，反之则是空空而谈。大多数情况下，我们写调研报告是为某项具体工作服务，而不是偏向纯粹理论研究的学术论文，

所以都会有实实在在的研究对象。无论调研主题是偏向务实,还是偏向务虚,至少我们是在研究一项具体事务,自然应该要有清清楚楚的说明。

有数据,意味着这部分应当用数据说话。这是调研报告的价值所在,反之则缺少可信性。在注重数据量化分析的当下,缺乏数据支撑的调研内容在很多场合下也失去了讨论的意义。调研报告对数据十分注重,强调要从数据中看现状、找问题、提目标。同时,我们也应该明白眼下这个问题,需要去采集哪些方面的数据。

有案例,意味着这部分应当有具体而特定的事例。这是调研报告的精华所在,缺少案例则浮于表面。调研报告需要对特定对象的特定问题加以分析,而这些特定问题的背后必然是有具体表现,进而形成了一个个案例。同时,这类案例应当是有代表性和典型性的,可以作为报告的论据,并且使报告本身具备实践价值。

由此可见,要写好调研报告的现状部分,充分调研是必要的。我们要走访调研对象、搜集调研数据素材、整理调研案例,才能达到有名有姓、有数据、有案例这"三有"标准。因此,本书也一直强调,公文写作的功夫,大多在写作这件事情之外所得。

我们还是从一则实例入手,分析调研报告现状部分的特点。

调研背景:某银行党建工作成效显著,特色鲜明。隔壁的兄弟银行决定对其开展专题调研,并形成调研报告,为自身党建工作提供参考。调研报告开篇如下:

某银行股份有限公司某分行成立于×年×月,内设××个部门,下辖机构×家,其中一级支行××家,二级支行××家。目前,全行共有在职员工××人,其中党员××人,党员占比××%,下设党支部××个。

近年来,该分行党委大力弘扬"某某精神",自觉提高政治站位,严格落实全面从严治党各项要求,在坚守"某某"工作主线的实践中,探索形成了党建工作新模式,即通过强化一个领导核心、夯实三大基础工程、打造四联党建品牌,较好地发挥了党组织战斗堡垒作用和党员先锋模范作用,实现了以党建高质量引领各项经营工作高质量发展。

当前,全行总资产××亿元,同比增长××%;各项存贷款余额分别为××亿元和××亿元,同比分别增长××%和××%;五级分类不良率××%,同比下降××个百分点,为近年来新低;先后被评××等荣誉。

(一)强化一个核心,提升党委政治引领力

以聚焦党委的领导作用为核心,切实将党的建设与业务工作相融合,党的建设形成新格局。

一是加强党的领导。(略)

二是落实工作责任。(略)

三是完善考核机制。(略)

(二)夯实三个基础,激活组织建设内生力

紧紧围绕经营工作主线,通过夯实理论基础、人才基础、作风基础,为基层党建注入源源动力,不断强化党建引领各项工作发展。

一是夯实理论基础,确保主题教育取得新成果。(略)

二是夯实人才基础,确保团队建设取得新突破。(略)

三是夯实作风基础,确保从严治行取得新进展。(略)

(三)实施四联工程,提升党建品牌影响力

充分发挥××独特优势,加快实施"四联工程",坚持将党建工作融入银行日常工作,不断提升党建品牌影响力。

一是实施"党建基地"工程,围绕××优势,推动党建工作。(略)

二是实施"科技金融"工程,依托××契机,服务实体经济。(略)

三是实施"普惠金融"工程,咬定××目标,加大普惠力度。(略)

四是实施"红色志愿"工程,突出××担当,助力文明建设。(略)

这篇调研报告是针对银行的党建工作,开篇是关于调研对象党建工作的现状。这一板块的内容是否丰富,决定了下一步的分析论述是否具备良好的基础,同时也考量了调研组是否具有良好的态度和面貌。

我们可以按照"三有"标准,来分析该现状部分的特点。

有名有姓:开篇直接铺陈了调研对象是谁、它的家底多少、它的党建工作有什么具体举措、取得了什么样的成果。一连贯的内容介绍,都将焦点直接落到了明确的特定对象上,给人一种"快速进入状态"的畅快感,也引发了读者的兴趣。

有数据:调研对象的内部情况,以及产生的外部效益,都通过具体数据加以表述。特别是在外部效益方面,选择了总资产、存贷款余额、五级分类不良率等最有代表性的数据指标,增强了说服力。

我们所选择的数据指标要有代表性,方有意义,无关紧要的数据指标,或者关联性不强的数据指标,几乎没有说服力。

有案例:"一个核心,三个基础,四联工程"的内容,是党建工作举措的具体表现,它们组成了现状部分的主体框架,也是现状部分的主要工作成果,为下一步的深入分析介绍提供了基础。

但是我们要掌握它们的"家底",要拿到它们的数据,要提炼出它们的案例,离不开细致的调研活动,而细致的调研又离不开认真的态度。因此,现状写得透不透,是态度问题。

第 6 章 常见公文类型分析之二
调研课题

实地调研也好,文字材料调研也好,甚至是百度调研也好,都是调研的活动方式,也是构成调研报告现状的基础。但如果连一些基础性的调研活动都不愿意去做,那么即使文笔再好,也写不出好的调研报告。

6.1.2 问题写得清不清,是技巧问题

调研报告里必然要有问题,因为我们写调研报告,目的就是去发现问题、分析问题,再解决问题。如果没有问题,那么调研报告也就失去了存在的意义。

但是这问题并不必然是调研对象身上存在的问题,因为调研报告一般会有两种不同的结构模式。

一种是调研对象身上确实存在相关问题。我们以某单位或者某项工作为调研对象,因为我们认为其本身存在问题,并且这种问题的表现、成因和解决方法,都具有共性意义,所以才会去做这样的调研。

比如,我们受某企业领导指派,前往金属车间调研设备保养工作。这是因为我们在调研开始前就认为,该金属车间的设备保养工作存在问题,而且这些问题在其他车间都或多或少存在。所以,开展一次调研活动,以金属车间为样本,去看看这些问题到底是什么样的,原因是什么,应该怎么解决比较好。

另一种是存在某个共性问题,但调研对象对这个问题的处理方式或者解决方法都比较好,所以我们去看看它们是怎么处理的,再总结出来形成调研报告,给其他人参考参考。

比如，我们发现每个车间都存在设备保养方面的问题，但其中金属车间的做法就特别好，能有效解决这个问题，值得其他人借鉴。所以，开展一次调研活动，去金属车间看看它们是怎么做的，然后形成调研报告给其他车间借鉴。

前文的某银行党建调研实例，就是这一类情况。我们发现各家银行的党建工作都存在一些共性问题，而该银行的党建工作开展情况较好，值得我们通过调研活动去总结经验做法。

无论是哪种结构模式，都说明调研报告必须"有感而发"，而这种"感"就是问题所在，也是调研报告的核心。

如果说，调研报告的现状部分考量了我们的工作态度，那么问题部分便考验了我们的写作技巧。

因为站在写材料者的角度，我们不去考虑这些具体问题是怎么暴露或者怎么发现的，而是先假定这些问题的内容已经是清楚掌握，然后再考虑如何加以表达。也就是说，问题反正就摆在那里，我们需要解决的是怎么去表述的问题。

在问题表述上，主要把握好三个原则。

首先，主观问题与客观问题相互区分。即哪些问题是主观层面的，哪些问题是客观层面的，要区分对待。其中，客观层面的问题应当突出并全面。

其次，外部问题与内部问题相互区分。即哪些问题是因为受外部影响而不以主观意志为转移的，哪些问题是"自作自受"的。其中，外部问题的描述应当精准明确。

最后，能解决的问题和暂时难以解决的问题相互区分。即哪些问题是我们可以现在就解决的,哪些问题是需要在未来发展中慢慢解决的。其中,暂时难以解决的问题应当斟酌确定是否写进去。

以上文提及的某企业金属车间设备保养调研活动为实例。

调研组认为金属车间的设备保养工作有问题,且这类问题在全厂都是共性的。经过调研,调研组大致得到了一些具有代表性的信息。

车间主任:保养本来就不是我们的事,厂里也从来没说各车间要负责保养工作。如果连保养都成为我们车间的工作范畴,后勤部门是做什么的?

车间副主任:保养是要花钱的,而且还要我们车间自己出。我们没有这笔经费,而且财务部又不肯给钱,怎么办?

工人甲:我们只知道怎么用机器,不懂怎么保养机器,也没人教过,看不懂保养手册。

工人乙:保养很花力气的,车间给我们的绩效任务已经很重了,每天都忙不过来,还要额外去做保养?有什么好处吗?

工人丙:保养什么呀?机器越保养越娇气,以前的老机器用这么多年,一样好好的。

工人丁:机器都是国外的,太复杂了,难用还不好保养。下次能否购买国产机器?虽然这种机器目前还没有国产的,但能否想想其他办法?

通过上述的信息采集,调研组梳理出了以下几个关键因素。

(1)保养责任不清楚。

(2)保养经费无来源。

(3)工人缺乏保养技能。

(4)保养未纳入绩效体系。

(5)保养思想认识不正确。

（6）设备采购来源不合理。

于是，我们基本掌握了此次调研问题部分的素材，也为问题部分的撰写奠定了基础。

根据上文所述三项原则，先进行初步的区分。

首先，在机器设备采购来源不能轻易变更的前提下，第（6）属于"伪命题"，即所谓"暂时难以解决"的问题。考虑到这个问题在当下并没有解决的可能，提出来也没有任何意义。

调研过程中，我们会经常听到一些牢骚话，或者乱七八糟的言论。这就需要我们认真细致分析研判，确定其是否有必要体现在调研报告之中，绝不能一股脑直接放上去。

剩下的继续分类：

属于车间外部原因的，有（1）、（2）；

属于车间内部原因的，有（3）、（4）、（5）。

内部原因中，属于客观层面原因的是（3）和（4），属于主观层面原因的是（5）。

（1）和（2）本质上是一个问题，即工厂责任制度设计不够完备，导致这项工作不知道该谁管，也不知道该谁出钱。所以，可以将其"合二为一"。

于是，调研组将上述素材加以整合，便总结出四个方面的问题和不足，再对文字稍作斟酌加工，罗列如下：

（一）保养机制不够健全

设备保养制度设计存在缺陷，保养责任归属和落实不够清晰，保养费用支出渠道尚未明确。（略）

（二）保养管理仍然缺位

对设备管理效益认识不足，设备维护游离于绩效管理体系之外。（略）

（三）保养技能普遍不足

保养技能培训较少，工人普遍不具备机器设备保养所必需的技术能力。（略）

（四）保养意识有待加强

对设备保养重视程度不够，缺乏对保养效益的正确认识。（略）

上述四项问题，基本上已经概括了此次调研所发现的问题，使调研报告有了实际价值。

这四项问题之中，值得注意的是第一项的写法，在问题表达上必须要精准。因为站在公文逻辑的角度看，我们调研的对象是金属车间，而问题（1）已经超出车间本身，在逻辑上是否贴切此次调研的目的，也需要斟酌。

> **小贴士** 考虑到这个问题对全公司设备保养影响重大，对调研目的能否达到也具有决定性的意义，所以最后还是将这个问题提了出来。

6.1.3 对策写得对不对，是理解问题

对策部分是调研报告的精华所在，也是达到调研目的的关键部分。

但是站在公文写作的角度看，对策部分相比于现状部分和问题部分而言，并不值得我们思考太多。因为这部分的内容，往往是在写作层面之外。

 文笔再好，也不能凭空编造现状、问题和对策。

在文法上，我们只需要谨记一个原则：

对策与问题或者与问题的原因应当一一对应！

在调研报告的问题部分，我们提出了几个问题，那么在对策部分，就应当与问题形成对应关系，一一去解答应该怎么做。

继续以上文的实例说明。

金属车间的设备保养问题，主要表现为以下四点。

（一）保养机制不够健全

设备保养制度设计存在缺陷，保养责任归属和落实不够清晰，保养费用支出渠道也尚未明确。（略）

（二）保养管理仍然缺位

对设备管理效益认识不足，设备维护游离于绩效管理体系之外。（略）

（三）保养技能普遍不足

保养技能培训较少，工人普遍不具备机器设备保养所必需的技术能力。（略）

（四）保养意识有待加强

对设备保养重视程度不够，缺乏对保养效益的正确认识。（略）

那么我们所提出的对策措施，应当是：机制对机制、管理对管理、技能对技能，意识对意识、一一对应，这是对策部分的基本要求。

但是至于这些对策的具体内容，比如如何完善机制、如何端正思想、如何做好管理等，这些内容很多时候已经超出了我们"笔杆子"的工作范畴，它们是领导层面需要考虑的事情。特别是对一些新手来说，不懂单位具体情况，对这类具体的问题缺乏经验，要撰写出对策来更是"天方夜谭"。此时万万不可强逼英雄,盲目下笔撰写对策,而要及时向领导请示。

在这个环节,我们需要做的便是理解领导意图,并将其放在对应的措施框架内,使调研报告成为落实上级理念和思路的载体。

以上文金属车间调研为实例。

领导在听取调研组的汇报后,对下一步要采取的几项对策做出了以下的指示。

(1)机制看来要重新梳理,设备保养的事确保落实下去,要求各个车间自己干,但是需列明预算,财务部要保证资金到位。

(2)加强管理,我们的绩效中要把各车间设备保养列进去,各车间的内部考核也要有这部分内容。

(3)去外面请人,办几场培训,帮大家弄懂。

(4)思想教育看来要搞,多整理一些正面反面的案例数据,大力宣传,让大家认识到,这件事是很重要的,态度要端正起来。

根据领导的意见和指示,调研组的报告中便形成如下几项对策建议。

(一)完善工作机制

明确设备保养职责流程,实行车间负责制,强化财务预算管理,落实支出保障。(略)

(二)做好日常管理

优化日常管理机制,探索并增设设备保养的考核内容,加大设备保养的工作推进力度。(略)

(三)加强技能培训

通过外部聘请专家的模式,开展设备保养知识讲座,增强职工的设备保养能力。(略)

(四)端正思想认识

开展职工思想教育,通过多种宣传方式,引导广大职工对设备

保养工作树立起正确的思想认识。（略）

上述对策内容，一方面，与前一部分提出的现实难题做到了一一对应，确保每一个问题都得到了相应的"答案"。另一方面，又符合了领导意图，使提出的对策更加正确，也具有现实上的可操作价值。

 领导认同的对策措施，自然有更大的实施可能性和推动力。领导不以为然的对策措施，很可能"说了"也就"说了"，没有实际价值。

6.2　课题研究

调研报告是基于实践的公文材料，无法脱离具体的工作实践。但课题研究却并非如此。

相比而言，课题研究更加学理化，甚至可以认为是超脱于特定的工作。撰写课题研究，可以在视野上相对放宽一些，不拘泥于本地、本系统、本单位现状，更多地思考和引入外部信息资源，在内容结构上更加自由，写作视野也更加开阔。

6.2.1　与调研报告的相同之处

在实践中，我们常常是以"调研课题"为统称，将其一概并论。同时，许多单位对调研报告和课题研究这两种文体没有明确的区分，相互混用，作为对某些具体问题的分析研究材料。

这种现象的背后，是因为课题与调研有很多相似部分，表现为三点。

1. 针对具体问题的有感而发

公文材料都是具有现实价值的，领导也不会无缘无故让我们去写一篇调研报告或课题研究。写调研课题这件事的背后，必然是针对某一件事的"有感而发"。

这件事可能是领导早已关注的"顽疾"，或者上级需要了解的现实问题表现，或者是我们需要宣传普及的问题解决经验。无论如何，它们的背后都存在着一些需要解决的问题。

同时，这些问题应该是比较复杂的，缺乏直接的或者成熟的解决方法，所以才需要通过实地调研或者课题研究，形成解决问题的思路和方法。

因此，调研与课题都是针对具体而且复杂问题的"有感而发"，它们的目的是一致的。

2. 没有直接的现实影响

公文材料是应用文体，大都具有很强的现实应用价值，而且一般直接应用于某项具体工作。比如，工作总结直接用在年终考评之中，讲话稿直接用于领导在某场会议的发言，心得体会直接作为某次主题教育的材料。这些都是可以直接用在现实中的。

相比而言，调研报告或者课题研究虽然也是针对现实问题的，但是其成果却并不具有直接的现实应用价值，更多的是从探索性的角度，提出一些思路和观点，以供上级领导决策参考。

因此，这类稿件没有直接的现实关联特点，形成什么样的意见，或者得到什么样的结论，都不会在工作实践中马上"见效"。

我们可以将调研课题与领导讲话做个对比。调研课题中提出的对策仅供领导参考，领导是否愿意采纳，或者采纳其中的哪些部分，都未可知。但如果调研课题中的对策被领导采纳，领导再通过讲话稿提出要求，将其转化为上级意志，便可以成为今后相关工作的规范指引，从而起到了现实影响作用。

3. 相对超脱的思考空间

正如前文所述，调研课题是基于现实基础的有感而发，但又没有直接的现实作用，所以给予了我们一定的超脱地位，以及相应的发挥空间。

当然，这种超脱并不意味着可以在调研课题里"胡言乱语"。我们仍然要遵循材料原本的目的，从我们自己的角度出发，准确把握深度与高度，尽可能地提炼出亮点。只不过相比其他更加严谨的材料，我们在调研课题里面可以相对自由地提出一些个人观点和见解，而不必顾虑太多。

6.2.2 与调研报告的不同之处

在"调研课题"的总称概念之下，我们会发现两者之间有很多相同之处。但如果将两者仔细区分，也会有一些不同之处。其中，课题研究有三个侧重点。

1. 没有具体的调研活动

调研之前，一般会有调研方案和活动组织安排，然后根据现实工作安排开展调研，再撰写文稿。课题研究却未必有这样的实地调研活动，大多是以文献研究工作为主，但可能根据需要开展一些实证研究。

反映在具体材料撰写方面，调研报告可能会需要介绍调研工作的开展情况。比如，某年某月，组织了由什么人参加的调研队伍，对某某对象就某某问题开展了调研活动，形成了如下调研报告。这一段话的意图，便是介绍调研活动的来由经过，为调研报告确定背景。但课题研究并不需要此类介绍文字，可以直接切入主题。

2. 更加开阔的思维创新

调研报告就事论事，现实中我们关注到某个问题，于是通过调研，去分析这类问题是什么原因产生的，应该怎么解决。整体思路脉络偏向于现实事务的处理。

课题研究更加开阔一些。我们发现现实中的某个问题，但未必是通过实际的调查去搜集资料并做出分析的。在具体实务中，可能是理论层面的剖析，可能是对比其他单位的做法，也可能仅仅是通过搜集文献来寻找办法。

因此，课题研究的理论性会相对更强，思路也会更加活跃。

3. 理论水平的更高要求

调研报告侧重于实务，从实际出发，又归结于实际工作。理论内涵可以作为辅助，但不能有太高的比重，避免被认为是在空谈。

课题研究对理论有更高的要求，希望有相对丰富的理论支撑，甚至也有可能以理论为主。因此，课题研究会要求我们有更加充足的理论知识储备，发挥出我们"高谈阔论"的本领。

6.2.3 虚实结合方能游刃有余

从写材料的角度看，课题研究与调研报告的相似性是主要的，写调研报告的思路和方法也可以用在写课题研究上面。

但是相比调研报告来说，领导对课题研究会有不一样的期望。

调研报告注重就事论事,从解决问题的角度出发。课题研究虽然也是以具体问题为研究对象,但在思考问题和解决问题过程中,更希望能看到更多跳出常规的思路,以及如何用新颖的思路来解决目前的棘手问题。其中,有跳出常规的思路,有新颖的观点,有让人眼前一亮的外部资料,是相对主要的,至于我们提出的对策是否能够解决实际问题,是否真的有效,则是另一层面的考量。

在很多时候,课题研究只要前面部分符合"新"的要求,那么材料便算是达到了及格线以上。如果对策部分被领导采纳,那课题研究几乎可以算得上是十分成功的作品;如果对策部分不被领导采纳,也不必自怨自艾。

如果得到了上级领导的批示肯定,那这份课题研究可以说是巨大的成功!

由此可见,所谓的"虚实结合",在调研报告是强调"实",在课题研究便是强调"虚"。

这种微妙的差别,会导致课题思路的谋划与调研报告思路的设计有所不同。

我们仍然用前一节的实例来说明。

金属车间关于设备维护的问题,如果按照调研报告的体系,框架可能如下所示:

一、调研背景以及调研经过

二、金属车间设备保养存在的问题

三、改进公司设备保养的建议

如果按照课题研究的思路,我们的框架可能会作如下调整:

一、工业制造企业设备保养概述

二、工业制造企业设备保养存在的问题——以某企业金属车间为例

三、国内外工业制造企业设备保养的成功经验

四、提升工业制造企业设备保养水平的对策

上述两套框架相比，课题研究在每个部分都有相应的特点，这些特点也是两种文体对待"虚实结合"的差异性所致。

第1部分，是关于设备保养的概述。这块相当于论文中的引言或者绪论，主要是从理论层面切入工业设备保养的话题。同时，借助概述的标题，我们可以在这一部分安排更多的理论表述，提升文章本身的理论价值。

第2部分，与原先调研报告中关于问题的部分并没有太大差异，只是叙事和议论角度做了调整。我们站在更加超然的角度来对待金属车间，与原本调研报告围绕金属车间展开的做法有所区别。

第3部分，是课题研究中的特色部分，也是与调研报告相区分的主要方面。我们通过各种途径，了解到其他单位的实践，并去总结经验，为自己提供参考。这些经验的来源可以很远，远至异国他乡；也可以很近，近到自有业务关联的其他单位。只要是"他山之石"，都可以作为我们"攻玉"的资源。

如果在调研报告中加入这一段，并不是说一定不行，但很有可能被领导认为是不切实际的空谈。这便是两种文体的微妙差异。

第4部分，在体例上与原先调研报告可能没有太大差异，但在具体内容方面，或许有更多新颖内容可以提。调研报告中的对策内容，离不开领导的指示精神，而课题研究中的对策内容，我们可以

按照自己的理解表达，甚至还可以根据第 3 部分的"他山之石"进行调整。

 举例而言，在第 3 部分国内外先进经验之中，发现有一些比较好的做法，那么我们在第 4 部分中也可以提出这样的建议，不必要考虑领导是否会同意。

上面案例相比较，我们可以发现，课题研究的超脱性也影响了文本的具体内容。

但是值得说明的是，实践中很多单位并没有仔细区分调研报告和课题研究，我们具体应当怎么去写，还是要根据调研课题的具体任务和目标而定。

有时候，领导要求我们针对某个具体问题弄一份"课题研究"，同时还要求我们去某单位调研，这便说明领导有可能想的是"调研报告"，而不是真的"课题研究"。所以，具体应该怎么写，不能仅仅根据这个文体的名称就盲目确定，需要综合考量。

6.3　建议提案

议案、建议、提案，是人大代表和政协委员行使权利、履行职责的方式之一，在文体上类似于调研课题。很多新人会认为，这些是代表委员们需要关注的东西，与我们这些"小兵"无关。但实际上，先不论我们是否有一天会承担起这样的职责，只看当下，如果我们的领导具有人大代表或者政协委员身份，那么很可能就需要我们来起草一份建议提案底稿。

6.3.1　期望价值：提出尚未被发现的问题

在执笔起草底稿之前，我们首先要了解，建议提案的目的是什么，价值在哪里，我们要干的到底是一件什么事。

从传统政治语言结构看，建议提案是由来自民间的代表委员，向政府提出观点和意见。这便赋予了建议提案一种期望的特质：能提出政府"未发现"的问题。

所谓政府"未发现"，往往有以下几种情形。

一是政府及其部门没有关注的细微问题。政府对经济社会事务的管理，不可能面面俱到，就算是最基层的政府部门，也未必能察觉到家长里短里面的"暗流涌动"，对一些细节问题，可能难以及时察觉或者发现。因此，更具有本土民间生活体验的代表委员，可以通过建议提案的形式，将这些问题表达出来，引起政府层面的重视。

二是政府及其部门没有预料的因果推演。政府机关施行某项政策前，一般都会慎重考虑，并充分评估这项政策的意义及其所带来的影响。但就如同下棋一般，很多时候也只能推算到一定程度，很难预见更加长远或者细微的因果推演。因此，作为来自民间并直接受政策影响的代表委员，可以通过建议提案的形式，将这些长远或者细微的因果推演加以总结，从而填补政府层面的不足。

三是政府及其部门没有考虑的决策因素。政府层面在决定做某件事，或者不做某件事的时候，都会反复权衡考虑，综合正反各项因素，再做出决策。但在这个过程中，也有可能会忽略一些不太起眼的因素，导致决策有所偏差。因此，在特定领域具有丰富阅历或者专业能力的代表委员，可以通过建议提案的形式，为政府补充这些决策因素，共同完善政府的行为。

 很多政策在制定出台前,都会经历若干次征求意见的过程,这便是一种对各类决策影响因素的反馈收集程序。

建议提案有价值,主要是因为它具有上述三项作用,帮助政府及其部门完善工作。我们如果要起草这类文稿,便需要从这三项作用出发,时刻考虑建议提案的价值在哪里。这也是公文目的因素在建议提案文体中的具体反馈。

6.3.2 评价标准:接地气与搭天线

综合上述介绍,我们认为一份理想的建议提案,应当是既"接地气"又"搭天线"。

所谓"接地气",就是建议提案应当是结合代表委员的生活工作经历,是在实际生活体验基础上的文字成果。

所谓"搭天线",就是建议提案应当是融入代表委员的专业独到见解,是在汇总智慧经验基础上的文字表达。

由此可见,人云亦云的、夸夸其谈的、无根无据的,都不能算作一份好的建议提案。

那么,好的建议提案应当是什么样的呢?

这个问题很大,官方有官方的回答,代表委员又有代表委员的理解,我们站在公文材料写作的角度,需要注意的是"四个够不够"。

首先,够不够"细致"。原则上不要把注意力放在大事件、大道理、大环境之中,即使必须要选这样的宏观主题,在表述的时候也需要从微小处入手,探究这些宏观主题对基层的影响,以及基层对这些宏观主题的反馈。

其次，够不够"真实"。讲事情、讲经历、讲数据、讲过程，都应当是出于具体而真实的社会生活，而不应当全部依赖于文献资料。这也是建议提案与课题研究的显著区别。

以写论文打比方，课题研究可以纯粹靠文献研究法进行，而提案建议则不能全部依赖文献研究法，需要有一些实地调研与实证分析。

再次，够不够"准确"。作为代表委员，分析问题不需要像政府决策者那样追求面面俱到，而是从个人角度阐述观点，强调看到问题的某一个具体方面，从而提出准确建议，帮助政府及其部门改进工作方式方法。

◎ 案例

某县政府为解决外来务工子女就学问题，经过反复研究权衡，制定了政策，提出同城同待遇以及就近入学的原则。某政协委员是教育界人士，发现大部分学校在执行政策的时候，会将外来务工子女独立编班，不利于学生之间的交流融合，而且还导致了矛盾的产生。为此，该委员提出混合编班的提案，给了地方教育部门很好的启发，帮助其完善了这项政策。

最后，够不够"专业"。代表委员身份有其特殊意义，他们往往是某一领域或者某一行业的专家精英，看待特定问题也应当是从专业角度出发，提出专业的见解。

当然，这些都是从理想角度出发，对如何写好建议提案的理论

期望。实际上,我们作为"笔杆子"仅仅是帮助领导草拟底稿,具体方向和内容还需要作为代表委员的领导负责把关。

6.3.3 实战演示:如何草拟一份底稿

建议提案这类文体比较特殊,相关教学资料比较丰富,而且都是权威。因为人大政协也好、各民主党派也好,都会在内部开展此类培训活动,帮助代表委员提升写作能力。这些培训资料十分全面地介绍了建议提案的写作方法,可能比本节的内容更具实践参考价值。

但本节存在的意义,主要是为了帮助读者草拟出一份符合要求的提案建议底稿。因为在现实中,我们作为"笔杆子"常常面临这样的矛盾。

一方面,我们自己不是代表委员,没有机会去接受来自人大政协或者民主党派的正规培训,就算拿到了培训资料,单单自学研究也很难参透其中内涵。另一方面,我们的领导是代表委员,他们更希望让我们先草拟一份底稿,再在底稿的基础上进行补充、修订和完善。

于是,很多人便困扰了,无从下手。

这里,我们做一个简单的演练,介绍如何破解这种困境。

主要是将建议提案作为公文材料的一种普通类型来看待,并分析它的三项关键要素。

第1步,确定字数。一般建议提案不会超出5000字,大部分在3000字以下。

第2步,确定时间。了解"两会"日程安排,但同时还要尊重领导意见,明确具体的交稿时间。

第 3 步，确定目的。领导作为代表委员，来自什么地区或者专业领域？对什么问题感兴趣？是否有什么特别的意见要发表？

　　如果没有特定的想法，我们可以结合他的工作领域，看看最近有什么热门话题，再向领导请示。比如，领导如果是企业家，我们就看看本地经济方面有什么新闻；领导如果是中小学校长，我们就查查本地教育领域有哪些新举措；领导如果是文艺界人士，我们就理理本地文化艺术发展方面的政策。

第 4 步，确定素材。领导要写的这一块内容，有没有什么素材？百度一下本地新闻，看看有没有什么资料可以用？然后再看看外地的消息，有没有什么先进的做法？

　　这一步其实类似于课题研究了。

第 5 步，确定框架。搜集完素材后，开始写作。按照常用的固定框架：现状是什么，问题在哪里，最后提几个建议。

第 6 步，文字润色。包括修正角度，提升高度，控制深度，凸显亮点，这些都是我们的常规注意事项和方法技巧。

上述六个步骤，是草拟建议提案底稿的方法和过程。

我们再用一个实例来具体展示。

某领导是某农业公司的负责人，从事油茶种植加工行业，同时也是本县政协委员。现"两会"临近，他要求我们为其撰写一份提案。

我们根据领导的职业身份，以及其农业公司的生产经营资料，梳理形成了以下提案文稿。

关于加快我县油茶产业发展的提案

油茶是我国特有的优良树种,与油橄榄、油棕、椰子一同被列为世界四大木本油料植物。加快油茶产业发展,是促进我县广大农民增收的重要渠道。油茶经济也是我县目前农业经济的重要组成部分,但目前正面临着发展困境。

一、我县油茶产业现状

根据统计,我县油茶种植面积约××万亩,主要分布在××、××、××等乡镇,品种均为普通油茶,且大多以原始栽培和液压式土榨粗加工为生产经营方式。以我公司为例,目前种植面积约××亩,加工产品以成品油为主,年营业收入约××万元。

二、我县油茶产业面临的问题

1. 种植观念落后

普遍是传统小农经济思维下的粗放管理模式。(略)

2. 工艺技术较弱

传统方法出油率低,综合开发利用差,缺少深加工企业。(略)

3. 品牌价值不足

企业之间低价竞争为主,没有形成具有市场影响力的品牌。(略)

4. 人力资源紧缺

外出务工人口多,劳动力投入低。(略)

三、国内油茶产业发展的先进经验

1. 湖南省的做法经验(略)

2. 重庆市的做法经验(略)

3. 江西省的做法经验(略)

四、加快我县油茶产业发展的对策

1. 转变种植观念

强化宣传引导，建议政府组织专家授课。（略）

2. 强化技术引领

加强对农民的培训，建议政府开展技术下乡。（略）

3. 提升品牌价值

扶持龙头企业，建议政府帮助申请地理商标。（略）

4. 引导要素投入

做好市场引导，建议政府出台扶持政策。（略）

上述这篇建议提案，不一定完全符合地方实际情况，也不一定完全写出了领导的观点和意见，但却完全可以作为一份"底稿"，为领导提供启发和参考。

首先是主题"好用"。油茶产业与领导的工作领域和社会身份相符合，提案的主题本身不会显得突兀，也方便领导在此基础上改进和发挥，体现出其专业经验与见识。

其次是资料"好找"。油茶的作用，地位象征，本地油茶产业，外地省份的经验做法等资料，都可以通过网络搜索获取。本公司的数据则可以从公司内部获得，十分方便。这也方便了我们对基本素材的整理，使底稿的撰写成为可能。

再次是问题"好讲"。作为从事油茶生产的公司，油茶种植加工问题与我们日常工作关联较大。而且像小农思维、技术差、没有品牌、人手不够这些本公司的常见问题，推演到全县的这个行业也有许多类似性，表明这个问题具有一定的普遍意义。

最后是对策"好提"。建议提案的对策与课题研究的对策部分一样，重要的不是领导采纳不采纳，而是有没有体现出我们的专业素质，有没有展现出一名代表委员应有的态度和立场。

由此可见，我们不必要惧怕建议提案难写。只要把握好领导身份，搜集好资料数据，提炼好文字，这类材料其实是相对容易的。

建议提案的文字环节比较容易出彩。我们需要考虑到,现实中绝大多数代表委员都会亲自执笔撰写建议提案,但他们并不都是体制内人员,可能也没有体制内的经验,基层更是如此。因此,他们亲笔撰写的文稿在内容上可能更富有价值,但文字风格与体制内的审美观可能会有一些差异。我们虽然在见识、经验和能力上"力有未逮",但或许可以在文字表达上赢得一些加分。

第7章

常见公文类型分析之三
剖析整改

剖析材料、自查报告、整改方案，三种公文材料的使用场合截然不同，甚至还有"务实"与"务虚"的区别，可以说是最多变的公文类型之一。但是其内核却有一定的相通之处，也有许多值得探讨的共性因素。

本章将围绕这三类公文文体，介绍其主要写法、特点以及一些常用的思维"切入点"，希望能帮助各位读者拓展视野，掌握其思维方法。

7.1 剖析材料

剖析材料是近几年来十分"热门"的公文类型，带有浓厚的政治理论色彩，需要有较高的理论水平作为基础。同时，剖析材料也是让很多新人一筹莫展的"难题"。特别是在一些主题教育活动中的党员干部剖析材料，其在框架要求、内容设置、语言表达方面，都会有不同的侧重点，客观上也确实变化多端。

本书写作之时，正值"不忘初心，牢记使命"主题教育活动如火如荼，剖析材料也有了新的要求和新的范式。回顾自2013年党的群众路线教育实践活动以来，随着思想政治理论水平不断提升，我们对剖析材料的熟练程度也在日益加深。同时，我们也接触了许多不同主题下的剖析材料，对它们的角度、重点和程度，也渐渐掌握了一些规律，强化了对这种特殊文体的理解和认识。

7.1.1 典型特点：对人不对事

剖析材料的典型特点，是对人不对事，即剖析的是具体的个人，不针对特定事项。

这点也是剖析材料与自查报告的主要区别。前者主要对人，后者对人和对事都有，但一般以对事为主。

也有针对团队整体的剖析材料,比如某某单位领导班子的剖析。但这种团队剖析实质上是对一个个具体个体剖析的综合,仍然可以将其看作一个较为综合复杂的个人剖析。

要写好剖析材料,主要是精准分析"主人公"作为个人的特点,只不过这些特点会在特定岗位上,通过具体事例展现出来而已。

同时,剖析材料必然是讲问题的,那么这些问题肯定是有外在的客观表现,而我们所剖析的重点,是外在表现背后的内在原因,即要完成从"事"到"人"的归纳。

这些问题可以表现在工作业务方面,也可以表现在生活作风方面,甚至可以表现在行为习惯方面。因为我们作为普通人,如果将自己与先进的榜样,或者理想化的模板相比较,难免会有许多不足之处。这些不足之处作为剖析材料中的主体部分,让我们更清醒地认识自己存在的问题,找到差距,从而激励自我不断提升和完善。

因此,所谓的"对人不对事"特点,就是要求我们不能满足于对表象问题的阐述,而是需要将这些不足之处归纳于个体身上,从而准确发现个体所存在的问题和不足。

比如,我们对政治理论的掌握不深,这是问题的表象。那么归结于背后的原因,可以是学习积极性不高,主动性不强,学以致用意识差等个体主观因素。

比如,我们的业务工作成绩一般,比起别人没什么创新之处,这是问题的表象。那么归结于背后的原因,则可以是对待工作责任心不强,开拓创新意识不足等个体主观因素。

比如,我们的团队作风形象还不好,各类测评满意度都不高,这是问题的表象。那么归结于背后的原因，则可以是对纪律作风认识不深，自觉性不够，党性修养还需要提升等团队主观因素。

从问题表象再归结到幕后原因，是剖析材料的逻辑关系特点，也是评判一份剖析材料是否"写得对"的基本标准。

很多剖析材料交上去之后被"打回来"，理由是材料"不深刻""不具体""没有把自己摆进去"。这些评语的背后，大半是因为从问题到原因的归结环节出了问题。有些可能是缺少对具体问题的正确表述，有些可能是停留于"就事论事"而没有将问题归结于个人身上，有些可能是对问题和原因的关联度把握不够精准等。

7.1.2 注意剖析的背景要求

有些人认为，剖析材料是一种"反面"的工作总结。因为工作总结是讲成绩的，而剖析材料是讲问题和不足的。与工作总结相比，单单从"正反"两面的角度去概括，可能还不够完全，因为不同场合下的剖析材料，仍然会有不同的要求。

有些是某次主题教育活动要求撰写的剖析材料，剖析侧重点需要根据活动主题要求而确定。有些是针对某个具体案例的自我剖析，剖析侧重点需要根据案例背后的警示教育意义才能确定。也就是说，剖析材料要讲什么问题，或者现有问题是否有必要写出来，要看我们是对照什么要求进行剖析。同时，这也意味着同一个人的同一件事，在不同的剖析背景要求之下，可能会有完全不同的表达方式。

我们以一则实例来说明。

某银行开展警示教育活动,要求领导班子成员对照一起金融领域的渎职案件进行自查剖析。该行副行长在观看案件纪录片后,认为该渎职案件的根源是银行领导对下属管理不严格,特别是对一些不规范操作现象听之任之,最后导致案件的发生。于是,他反躬自省,认为自己也存在着对下属作风要求不够严格的问题。他准备以此作为剖析材料中的问题部分,并形成以下表述。

表现的问题:对分管部门及工作人员的管理"失之于宽",岗位廉政风险防控机制的落实还存在不足,对××等业务流程的规范性把握不够精准。

问题产生的原因:从严治党的意识还不够强,受社会风气影响,不注意小节,在谨小慎微、警钟长鸣方面有所放松。

上述剖析表明该副行长对案例的认识,他认为该案例涉及如何加强对下属廉政事务的管理,并且在这方面是有警示意义的。所以,他在剖析中提出了这一问题,并做了相应的原因归结,将"失之于宽"的外在问题表象,归结到了"从严治党意识不够强"的内在原因,完成了从"事"到"人"的归纳转变。

现在,我们将剖析背景稍作调整。

该银行在第二个月又开展了主题教育活动,要求领导班子成员对照"庸政懒政惰政"问题,结合岗位工作,进行自我剖析。该副行长对照要求,再一次反躬自省,认为上个月所总结的"对下属管理不够严格"这一问题仍然存在,而且还可以继续提。为此,他将其作为剖析材料中的问题部分,并形成以下表述。

表现的问题:对岗位廉政风险的管理缺少有效的方法和手段,××等业务流程仍然有待完善。

问题产生的原因:理想信念动摇,党性修养减弱,对自己要求放松了,完成工作任务满足于面上不出问题,工作的积极性、主动性和创造性还不够强。

上述剖析所针对的是同一个事项,但是剖析背景从党风廉政建设的角度,转移到了业务工作的角度,从而导致剖析材料侧重点发生转变。

同时,由于剖析材料本身"从外在表现到内在原因"的逻辑结构不变,"从事到人"的特点也不变,所以我们仍然需要将这个具体问题归结于个人的内在原因。

因此,我们需要由"从严治党意识不足"的内在原因,转入"工作积极性、主动性和创造性还不够强"等更加侧重于业务工作方面的主观因素。

同一个问题事项,归因于不同的内在因素,就是因为剖析背景的不同。

所以,要写好剖析材料,"笔杆子"要有良好的政治理论素养,这样才能分辨出不同的剖析视角和要求。同时,"笔杆子"还需要具备相应的学习和模仿能力,明白各种不同剖析背景所要求的方向和目标,做到"对症下药"。

7.1.3 把握好措辞的尺度

剖析材料需要把握好措辞的尺度,要特别注意实事求是的原则。这是一种特殊的自我批评和审视材料,既不能隔靴搔痒,也不能语出惊人。特别是我们在帮助上级领导草拟这类稿件的时候,更需要注意各类措辞的精准性,确保措辞尺度不出现问题。

同时,剖析材料中口语与书面语的切换还应当显得自然,这也是能否把握好措辞尺度的一种表现。在描述客观问题表象的时候,可以遵守书面语的习惯和规律,运用固定的表述模式,确保问题表达的精准和专业;但是在转入自我批判的时候,也就是"从事到人"的最后环节之中,则可以稍微口语化一些。

比如上文实例中的一句话:

理想信念动摇,党性修养减弱,对自己要求放松了。

前半句的"理想信念"和"党性修养",都是固定的表达模式,我们需要运用书面化语言,确保其表述的正确性。最后一句"对自己要求放松了",则是"从事到人"的归结环节,是一种归结于自身的判断句式,则可以用口语化的方式加以处理。

再看一个例句:

对党的政策理论学习不深入,对改造世界观、人生观和价值观的重要性认识不足,自己在平时也很少站在群众视角考虑该干什么、怎样干的问题。

同样也是按照上文的样式,在涉及政策理论学习、"三观"改造等词汇的时候,我们倾向于采用书面语的表达方式,但是将客观问题归结到自身主观因素的时候,就可以将其转变为"口语化"的表述。

这也是剖析材料的奥妙所在。一方面,这类材料有可能需要在会上念出来,所以口语化的语句更适合去表达。另一方面,口语也给人一种更加真诚、用心、个性化的感受,体现出了"将自己摆进去"的要求,更富有个人情感。

另外,剖析材料中还需要注意措辞轻重的问题。很多时候,我们作为"笔杆子",撰写这类剖析材料不是为自己,而是帮助领导或者领导班子起草,对剖析材料中的用词需要仔细斟酌,做到实事求是。一方面,要站在客观的角度看待问题;另一方面,在文字上还要将这些问题准确表达出来,不能词不达意,更不能穿凿附会。

7.1.4 找准常用的思维"切入点"

在实务中,剖析材料给我们带来的苦恼主要是找不到思维上的"切入点"。一方面,我们常常会感觉没什么话好讲,一下子找不到剖析的方向和要点。另一方面,我们也担心自己把握不好剖析的度,对照自己不知道说得"准不准",对照文件不知道说得"对不对",瞻前顾后,苦恼不已。

有人戏称剖析材料可以分三大块,即我不是人、我为什么不是人、我该怎么做一个人。

对此,我们可以为自己准备一些常用的思维"切入点",作为"战略储备",再结合不同剖析背景,作为剖析材料使用。

这些常用的思维"切入点",我们可以分为四种类型。

1. 思想政治方面

这一类型事关重大,必须要坚持客观且实事求是的原则去表述。虽然不同剖析背景可能会有不同的要求,但是大致上,我们可以尝试着从以下几个角度作为思维的"切入点"。

政治理论学习不深。虽然重视政治理论学习,但我们仍有可能还存在着学习不透彻、掌握不深入、自我教育比以往有所放松等问题。

理论联系实际不够。虽然对思想政治理论学习有相应的重视程度，但如何将理论与实际联系起来，往往是我们困惑的问题，同时也可以作为一项问题或者不足。

主动斗争意识不强。虽然我们自己有清醒的认识和坚定的立场，但仍然有可能存在着"事不关己高高挂起"的思想，对身边的错误言论和行为，没有斗争到底的主动意识。

2. 业务工作方面

岗位性质不同、个人特点不同、履职岗位不同，在业务工作方面的剖析要点自然也会不同，没有什么万能的句式。如果从思维"切入点"的角度出发，我们可以提炼出几个常见的共性问题作为"备选"。

干事激情减退。我们可以反省自己在工作中是否还有畏难情绪，我们的克难攻坚决心和毅力是否还不够等。对此，我们首先要评价自己的本职工作状况，然后再引出自我批评，突出自己在进取心方面所存在的不足。

创新能力缺乏。我们可以反省自己在工作方法上是否还有一些墨守成规，从而导致工作局面迟迟无法得到拓展。对此，我们首先要评价过去的工作成效，然后再以实事求是的姿态，表明在工作的改进上还做得不够等。

大局意识不足。我们可以反省自己在平时工作中是否只盯着手上的"一亩三分地"，而没有关注到工作大局，或者说还缺乏全局思想。对此，我们首先要评价本职工作的完成情况，然后再坦陈对其他方面的关心和了解还不够。

3. 纪律作风方面

关于纪律作风方面的问题，重要的是应当坦诚相待，直率而客观地表达出自己的问题和不足。

自我放松，意思是对自己的要求标准放低了，没有用更高的党规党纪标准要求自己。表达的主题，是我们在纪律作风方面还应当有更加严格的自我要求。

不深不细，意思是对待工作不够深入细致，不能沉下心来调研分析并解决问题，满足于面上过得去。表达的主题，是我们在具体工作作风方面还应当有更加沉稳的心态。

脱离群众，意思是服务群众的观念淡薄，方法也需要优化，政绩观也有待端正。表达的主题，是工作成果与群众利益还应当有更加紧密的关联。

4. 领导干部方面

如果剖析材料的撰写主体是领导干部，我们可以站在他们的层面上，结合领导干部身处的环境与职业特点，准备一些常用的思维"切入点"。

老好人方面：作为领导干部，是否对同事们的批评流于形式？是否对下属的要求不够严格？是否过多地考虑所谓的大局和面子等问题？

工作方法方面：作为领导干部，是否只是习惯于在办公室听汇报、看材料？是否很少深入一线工作或者掌握一手资料？是否下基层调研的时候也是走马观花？

开门纳谏方面：作为领导干部，是否存在不注意听取他人意见的情况？是否经常摆老资格？是否忽视民主作用的发挥？

7.2　自查报告

自查报告分为两种：查人和查事。

其中，"查人"的自查报告，其实就是前节所介绍的剖析材料，特点是"对人不对事"，以及"将事归结于人"。

本节所讨论的自查报告，特指"查事"的部分，强调的是"对事不对人"。

7.2.1　事出有因还是无因

实践中，自查报告的逻辑起点有两种：特指的和泛指的。前者是"事出有因"的自查报告，后者是"事出无因"的自查报告。

所谓特指的，是被检查出某项问题，而且该问题客观存在，从而被要求予以自查和改正，并提交自查报告。

比如，某工厂的特种设备管理被查出问题了，地方市监部门会要求其开展自查活动；某企业的税务报表被发现问题，地方税务部门会要求其对财务工作进行自查；某机关的档案管理被发现纰漏，地方档案部门会要求其做出自查说明。

这类都是围绕特定某个问题的自查报告，其特点可以概括为"事出有因"，即问题本身是具体的，而且是确实存在的，不容回避。因此，自查报告就必须要围绕这个特定问题去考量。

所谓泛指的，是上级认为某项问题可能普遍存在，要求所有相关单位进行自查，并提交自查报告。

比如，某银行的省级行认为当前普遍存在信用卡账户管理不严的问题，进而要求所有下级市行开展自查；某高校领导认为内部各学院对学生思想政治教育不够重视,进而要求所有下属学院开展自查;某市政府认为当前一些单位因私出国出境护照管理还不够严谨,进而要求所有下属部门单位进行自查。

这类自查报告便是"事出无因"的类型,即自查所针对的问题可能存在,也可能不存在,至于怎么撰写,还需要根据客观情况而定。

因此,我们写自查报告,首先要了解这份报告属于"事出有因",还是"事出无因"。但这种判断也是要基于客观的真实情况,掌握清楚是否有问题、问题是什么、问题可以归因于什么方面等准确信息,从而确保自查报告在角度、结构和内容上的正确性。

7.2.2 事出有因怎么写

如果我们要撰写的自查报告属于"事出有因"的类型,那我们的逻辑关系便应如下:

这项工作有问题—问题原因在哪里—我们做了什么去弥补—下一步该怎么做。

根据上面的逻辑,自查报告可以分为以下几个步骤。

第一步,承认问题所在,"照单全收",少去争辩问题的有无。

第二步,分析问题的原因,尽量突出客观方面的因素,但也不能完全回避主观因素。

第三步,介绍正在努力做的整改工作,并且尽可能地展示全面。

第四步,以认真、诚恳、积极的态度,说明今后更进一步的提升方向。

我们以一则实例来说明。

某餐饮店的某款蛋糕被抽检发现菌落总数超标。当地市监部门

第7章 常见公文类型分析之三
剖析整改

责令其整改并出具自查报告。

该店铺负责人介绍：问题出来后，我们马上就搞了一次自查，发现包装物、刀子和尺子上的菌落总数都超标了，主要原因是店里的紫外线灯坏掉了，有时候灵有时候不灵，所以对这些工具消毒不彻底。还有，几个工人忙起来的时候，就忘了消毒这件事，消毒程序做起来也有些乱。这次被查了以后，我们就把紫外线灯给修好了，把这几个工人也批评了一顿，整理出一些操作指引等。希望市监部门从轻处罚，今后我们绝不再犯了。

整合上述信息，我们在草拟自查报告的时候，根据前面提及的逻辑关系，梳理出几个关键步骤的撰写方向。

第一步，菌落总数超标的问题是客观存在的，以正确的态度认错，不要试图去争辩问题的有无。

第二步，这个问题的原因，可以概括为工具因素、员工意识因素、技能培训因素，其中工具因素是客观因素，而且是直接因素，在文中可以多做说明。

第三步，采取的应对举措有消毒工具修理、员工思想教育、消毒技能培训等，说明我们非常迅速而有力地落实了上级的要求，弥补了漏洞。

第四步，做出表态，服从处罚结果，绝不再犯，而且还将在今后做得更好。

于是，我们便可以形成以下自查报告。

××市市场监督管理局：

×月×日，我公司有一批"××蛋糕"产品被抽检。×月×日，我公司收到抽样检验通知书，被告知该批产品检验结果不合格，对此，我公司高度重视，第一时间停止生产销售，并启动了自查整改。现将自查情况报告如下：

一、存在的问题

根据检验结果，该批"××蛋糕"产品存在菌落总数超标问题。

二、问题产生的原因

经我公司自查，认为该问题系因外界污染所致，主要源于包装物、生产工具以及相关人员所携带的细菌。具体而言，可以归纳为三个方面的原因。

（一）消毒设备维护不佳

虽然，我公司消毒设施配备齐全，但因为生产经营时间较久，部分设备维护不到位。自查中，我公司发现包装间紫外线灯因为电线接触不良，偶尔无法正常运作，致使包装物杀菌消毒不彻底，进而对食物造成污染。

（二）消毒意识有所松懈

虽然，我公司具备严谨的消毒管理制度和流程，但由于多年以来均未发生食品安全问题，公司员工对消毒工作的重视程度有所减弱，执行方面也存在疏漏，导致了外界污染情形的发生。

（三）消毒细节存在瑕疵

虽然，我公司员工均掌握消毒操作方法，但对消毒细节处理还不到位，特别是在私人物品的放置、仪容仪表的管理、车间隔离密闭的检查、消毒工作台账的记录等细节方面还有瑕疵，影响了消毒的效果。

三、已采取的整改措施

在明确问题产生的原因之后，我公司及时采取了以下三项整改举措。

（一）强化消毒设备维护

修理紫外线灯，开展了包装间灭菌行动，对包装间进行彻底的杀菌消毒。规范紫外线灯使用流程，每次生产结束后安排半小时的测试运转。所有内包装材料在使用之前，确保在灭菌箱内做好充分灭菌。

（二）提升食品安全意识

进一步增强食品安全生产的责任意识，将消毒灭菌放在更加重要的位置。开展员工安全生产和卫生制度培训，巩固食品安全的思想意识，营造良好的食品安全氛围。

（三）加强消毒细节管理

规范生产工具消毒，开工前对所有容器、工器具和地面进行清洁，对发现的残留物立即冲洗擦拭。强调生产现场控制，一切与生产无关的私人物品均不得出现在生产车间内，确保生产车间与外界的完全隔离密闭。加强员工个人卫生，严格员工的穿戴要求，注重员工仪容管理。

通过上述整改，我公司食品安全管理得到增强。为检验成果，我公司于×月×日抽检样品×份送某院进行检测，检测结果合格。

今后，我公司将以此次事件为教训，不折不扣地执行好食品安全管理规定，保证不再出现上述的问题。同时，也恳请上级政府部门对我公司加强监督检查，帮助我公司不断改进薄弱环节，提升经营管理水平。

以上自查报告，按照上述四个步骤的分析，显现出其相应的特点。

首先，确认了问题客观，既不回避，也不推脱，展现出公司的认错态度。

其次，全面分析了问题产生的主客观原因，并且较为透彻地阐述了客观方面的问题所在，说明我们对于该问题已经做了认真而全面的检查。

再次，在整改措施上，做到了整改措施与问题原因的一一对应，并且按照上级的要求，落实好规定制度。

最后，以更加诚恳的姿态作为结束语，进一步摆正了公司在面对问题时的处置态度，展现出了"知错就改""绝不再犯"的决心和意识。

  值得注意的是前例中关于原因方面的表述，每一点原因中先说"好"的一面，再说"不好"的一面。在说设备维护不佳前，先说设备配备齐全；在说消毒意识松懈前，先说制度流程具备；在说消毒细节瑕疵前，先说消毒方法全面掌握。在某些特定场合下，这也是我们书面表达的一种手段和技巧。

7.2.3　事出无因怎么写

如果我们要撰写的自查报告属于"事出无因"的类型，那我们的逻辑关系便可如下：

上级关注某个问题—我们虽然没问题但也十分重视—我们是怎么自查的—虽然没有但我们下一步也要怎么做。

根据上面的逻辑，自查报告可以分为以下几个步骤。

第一步，介绍自查工作情况，包括组织领导、方法手段和过程经历。

第二步，说明各方面情况良好，没有发现上级担心的问题。

第三步，今后将按照"有则改之、无则加勉"的态度继续努力。

我们以一则实例来做说明。

某县政府发现一起印章保管使用不当的事例，要求全县各单位开展印章管理自查，并提交自查报告。某单位经过自查，认为本单位没有发生过此类问题，但仍然需要提交自查报告。

对此，我们在撰写自查报告的时候，主要注意几个关键的步骤点。

第一步，我单位印章管理虽然没发生领导担心的事情，但我们仍然很重视，并且组织开展了自查活动。

第二步，我们的印章管理是合乎规范的。

第三步，今后我们还将继续规范好印章的管理使用，请领导放心。

于是，我们便可以形成以下自查报告。

根据县政府办公室《关于切实加强印章管理使用情况检查的通知》文件要求，我局对照十条管理风险点进行逐一排查，认真完成各项自查工作。现将有关情况报告如下。

一、自查开展情况

收悉文件后，我局高度重视，成立了由某某任组长，某某、某某、某某等科室负责人为成员的工作小组，围绕文件提出的任务，第一时间传达了工作要求，对我局印章管理使用情况做了全面深入的自查，在规定时间内完成了自查任务。

二、自查结果

我局印章共有3枚，其中：法定名称章1枚、财务专用章1枚、领导个人名章1枚，均由局办公室统一管理使用。

我局印章保存整洁、完好，使用正常，能够严格按照审批程序，始终坚持"事权相符"的原则，按照规定范围使用印章，用印前以《盖章审批表》的形式，对用印事项进行审核，并经有权签批人签字批准后方能用章，不存在越权审批、滥用、盗用印章情况。另外，用印登记簿管理较为规范，未发现用印不及时登记的现象。

三、下一步工作

为进一步提升印章管理工作水平，我局下一步还将从以下几个方面强化举措，确保不出现印章保管使用不当的现象。

一要巩固检查效果，建立长效机制。

为巩固此次自查活动成效，我局进一步完善了各类印章的管理机制，做到责任明确、管理规范。特别是加强对用印记录信息的保管，在原有一事一登记的制度基础上，加录用印相关信息，标明在何种材料加盖何种公章等，并对特殊重要事项留存用印材料复印件，以备日后查阅，确保用印全程留痕。

二要做好教育培训，落实安全防范。

开展印章管理人员的培训、管理和监督，切实做到"十个严禁"。实行印章动态管理，深化安全防范体系，强化自我提醒，时刻绷紧印章安全管理这根弦。

三要强化宣传引导，营造良好氛围。

进一步加强全体干部职工印章管理思想意识，坚持"正面引导"和"反面警示"教育手段相结合，全面普及用印制度，营造规范用印的良好氛围。

从上述实例中可以发现，"事出无因"类型的自查报告，重心要放在开展情况和下一步工作两个部分。

前一部分的主题：我们虽然没有这些问题，但我们还是严格执行了上级的要求，并且高规格地开展了自查活动，充分展现出我们的大局观念和执行效率。

后一部分的主题：我们抱着有则改之，无则加勉的态度对待这件事。虽然我们没有出现这样的问题或者隐患，但是我们今后还是会好好努力，更上一层楼。

小贴士 前提是我们确实认真做了自查,而且是真的不存在问题。如果有问题,就要实事求是地报告,不能"装瞎无视"。因此,"事出有因"还是"事出无因",归根到底,还是要根据客观情况而定,不单纯是一件写材料的事。

这一特点也反映出,既然我们撰写的公文,在实质上是站在特定立场去说话,那么我们就要精准把握这个立场想表达的意义,从而展现出在这个立场上最为得体的姿态。所以,要写好公文,不但要学好"写作"这件事,而且要了解我们在具体工作中应有的立场和态度。也就是说,公文写作的功夫,大多在写作这件事情之外所得。

7.3 整改方案

无论是剖析材料还是自查报告,无论是个人还是集体,无论是对人还是对事,我们最后都要提出整改的手段和方法,才能成为一篇完整的剖析材料或者自查报告。否则,问题再多,原因再精准,那也留有残缺。因为我们从查找问题开始,再到分析问题,最后必然要归结到解决问题,才算是圆满完成了这一项任务。

7.3.1 在形式上的一一对应

整改措施与问题是一一对应的,不管是出于逻辑的严密性,还是出于报告的规范性,抑或是出于文稿的美观性,我们都需要关注两者是否保持一致。

小贴士 如果既介绍了问题，又阐述了问题背后的原因，那么整改措施应当是与原因一一对应。

从逻辑关系上看，当我们查找问题的时候，会提出几个方面的问题表现或者原因所在，而每个方面的表现或者原因，自然也都需要有对应的整改措施。

比如，在剖析材料中，我们针对党性修养、业务能力、纪律作风三个方面分析了自己的问题，并且提出了四个方面的原因，那么我们的整改对策，自然也要根据四个方面的原因来，确保每个原因都有一套整改对策与其形成呼应。

比如，在"事出有因"的自查报告中，我们查出了存在的若干问题，那么在整改方案中，也要提出若干对应的举措，确保对这些问题做到了"全覆盖"。以前文关于蛋糕店食品安全自查报告为例，我们提出的问题包括消毒设备维护不佳、消毒意识有所放松、消毒细节存在瑕疵三个方面，那么相应的对策便是强化消毒设备维护、提升食品安全意识、加强消毒细节管理，十分清晰地用一个措施来解决一个问题，实现了文稿形式布局上的一一对应。

比如，在"事出无因"的自查报告中，我们说了一通自查工作中的努力，介绍了当前的具体情况，但如何雕琢最后的"下一步工作"，使其能够回应上级所担心的问题，也是必须要思考的难题。以前文关于印章管理的自查报告为例，我们需要预先判断出上级领导对印章管理会比较关注制度、培训、宣传等方面的情况，也就是说，他们担心我们会存在这些问题，所以我们提出的下一步工作打算，便以这三块内容为主，以对应上级的期待。

形式上的对应性要求，使得整改措施有了明确的方向和目标，我们至少知道了应该从哪几个方面入手。

由此也可见,整改措施在内容设置上,是根据前文的内容而确定,不能脱离前文的约束。

在近年的主题思想教育活动之中,整改措施板块的格式规范有了日趋严谨的要求。我们常见的整改方案往往包括了整改举措、整改时限、整改责任部门、整改责任人等要素,同时也实行了清单化管理。比如,在一张表格中填入上述整改要素信息,而不再是机械式地追求"大部头"式样的文字材料,整改要取得什么目标、整改举措到底包括哪些、什么时候要整改完成等问题,也得到了更加直接而明确的回答。

在形式上的一一对应要求,也决定了整改任务有限定性的体系和范围,也即其必须与问题或者问题的原因相呼应。因此,整改措施的对应性,使其本身缺少可供发挥的空间。因为当各类问题的选择已经确定,以及问题原因已经归纳到某些具体的点上,那么整改措施其实也已经限定了,只不过是在具体表述和侧重点上做文章而已。

同时,在近年的主题教育活动之中,整改方案的内容设计也具有特殊性,甚至有鲜明的"时代感",我们在设计内容和提炼语词的时候,都需要多了解当下的"潮流"。

群众路线、两学一做、三严三实、"不忘初心、牢记使命",其实每一次的主题教育活动,在整改措施上都有鲜明的"时代印记",也见证了全面从严治党的足迹。

7.3.2　在内容上的虚实有度

整改措施在大致方向上虽然是固定的，但在具体内容的尺度上却需要权衡，在表达上务必做到准确。如果只能够整改到 80 分，就千万不要吹嘘自己能整改到 100 分，要做到实事求是。特别在"事出有因"的自查报告之中，整改措施写得太过理想化，太过"高大上"，就如同夸大其词的"虚假广告"一样，效果适得其反。

所以，我们提出的整改目标，应当实事求是，把握好适当的"尺度"。表现在具体内容选择和撰写方面，我们也可以虚实结合，灵活处理。

所谓"实"，就是一系列可以量化的数据指标、可以观察的进度节点、可以评价的任务表现。这类内容可以作为"实"的部分，用精准而明确的语言加以表述。

所谓"虚"，便是相对于"实"的部分，是一些无法量化、观察或者评价的内容，可以充实并丰富我们想要表达的内容，表明我们的态度或者努力的方向。

这个原则与本书第 5 章中关于工作计划的虚实结合技巧，其实有异曲同工之妙。

其中，整改措施中"虚"的部分，我们可以描述一些理想化的状况，以弥补整改措施体系在内容上的不足。特别是当我们不知道该如何写整改措施的时候，便可以运用这种手法，回避一些太过于具体化的细节问题，而是直接用"做了后会有什么效果"的语言来表达，从而说明我们会以什么样的目标作为努力方向。

我们以前文蛋糕店的整改方案为实例，来分析各项对策中的

第 7 章 常见公文类型分析之三
剖析整改

"虚实"组合。

（一）强化消毒设备维护

修理紫外线灯，开展了包装间灭菌行动，对包装间进行彻底的杀菌消毒（1）。规范紫外线灯的使用流程，每次生产结束后安排半小时的测试运转（2）。所有内包装材料在使用之前，确保在灭菌箱内做好充分灭菌（3）。

（二）增强食品安全意识

进一步增强食品安全生产责任意识，将消毒灭菌放在更加重要的位置（4）。开展员工安全生产和卫生制度培训，巩固食品安全思想意识，营造良好的食品安全生产氛围（5）。

（三）加强消毒细节管理

规范生产工具消毒，开工前对所有容器、工器具和地面进行清洁，对发现的残留物立即冲洗擦拭（6）。强调生产现场控制，一切与生产无关的私人物品均不得出现在生产车间内，确保生产车间与外界的完全隔离密闭（7）。加强员工个人卫生，严格员工的穿戴要求，注重员工仪容管理（8）。

上述三大块的整改措施内容，是对应了原先提出的三大问题，而三大块的整改措施内容中又包含了具体的 8 项整改动作。

其中，第（1）项、第（2）项、第（5）项属于比较明确的内容，有具体的动作支撑，清清楚楚地说了准备怎么去做。第（3）项、第（4）项、第（6）项、第（7）项、第（8）项则没有特别具体说明"要去做什么"，而是直接用"我们要取得什么样的结果"来替代，一方面弥补了整改对策过于单薄的问题，另一方面还表达了自己对于整改目标的熟悉和了解程度，蕴含了"请上级放心，我们知道该怎么做好"的意味。

由此可见，"实"有"实"的好处，既能明确指导实践工作，

又可以对外交代明白。"虚"有"虚"的作用,既谋划了整改的结果目标,又丰富了整改措施的内容。做到"虚实结合",才能解决我们在整改方案中"改什么、怎么改、改成什么样"等具体问题,使整改措施显得"有血有肉"。

7.3.3 常用的思维"切入点"

就如同剖析材料的问题部分有常用的思维"切入点"一样,我们撰写剖析材料的整改举措,也会准备一些常用的思维"切入点",以用于各种"无话可说"的情况。

由于形式上的"一一对应"要求,我们在准备整改措施的思维"切入点"之时,也需要对应好问题剖析方面的"切入点",类似于"相互配套"的关系。

根据上述剖析方面的思维"切入点",我们可以提炼出一些整改方面的思维"切入点",以方便我们完成整个报告的撰写。

 这些思维"切入点"不仅仅是写材料层面的素材,也是我们在实践中可以做到的动作。

1. 思想政治方面

对应"政治理论学习不深"的问题:我们应当在思想上重视理论学习,充分利用好各类碎片时间,并且在学习上投入更多精力。同时,注重用正确的政治思想理论武装头脑,保持理论学习不放松、思想进步不懈怠,等等。

对应"理论联系实际不够"的问题:我们需要坚持学以致用的精神,运用先进的理论知识去指导具体工作,发挥理论优势,提高工作水平。在这一方面，可以穿插一些关于本职岗位工作方面的内容，比如中央领导针对我们所属行业或者所属领域的重要讲话精神等，突出我们在理论学习方面的针对性。

对应"主动斗争意识不强"的问题：我们可以进一步强化斗争意识，以更加主动的姿态，与社会上或者网络上的不正确言论作斗争，为社会环境和网络风气的清朗做出自己应有的贡献，等等。

2. 业务工作方面

对应"干事激情减退"的问题：立足争先创优的意识，强化克难攻坚的勇气和决心，努力解决一批困扰某某事业发展的矛盾难题，在干事创业中，彰显出一名党员干部应有的担当精神。

对应"创新能力缺乏"的问题：强化工作中的创新意识，认真学习先进地区或者先进单位的好经验好做法，再结合本地实际，开拓某某工作新局面，从而提升所属领域的工作成效。

对应"大局意识不足"的问题：提高思想站位、拓展工作视野、树立全局思维意识，善于站在全局角度看待自己的工作，提升工作主动性和积极性。特别是在具体业务工作方面，还应当主动谋划、主动研判，努力与当前领域的新形势、新环境、新要求相适应。

3. 纪律作风方面

对应"自我放松"的问题：坚持以一名党员的标准要求自己，正确对待一名党员所肩负的使命和应尽的义务。特别是要强化"打铁还需自身硬"的自觉意识，认真遵守执行各项规章纪律，用更加坚定的决心来提高自我标准和自我要求。

对应"不深不细"的问题：坚持实事求是、务求实效的原则，全力将所负责的某某工作做深做细，特别是对容易出现疏漏或者瑕疵的某某等关键环节加强把关，将工作做到实处，体现出自我的担当负责精神。

对应"脱离群众"的问题：树立群众路线意识，端正政绩观，坚持问题导向。在所从事的行业或者领域内，要善于了解和掌握群众所关注的一些具体问题，认真分析其中的原因，再提出解决的方法与对策，从而以实际行动为群众谋福利。

4. 领导干部方面

对应"老好人方面"的问题：坚持原则、坚守底线，以实际行动自觉维护领导班子权威，做到敢管、真管、严管。推进制度建设，做到以制度管事管人，改进领导方法，提升领导技巧，努力提高领导能力。

对应"工作方法方面"的问题：克服官僚主义、形式主义影响，转变工作观念，深入一线，多调研、多走访、多了解，注重工作实效。

对应"开门纳谏方面"的问题：保持谦虚心态，带头贯彻落实好民主集中制原则，虚心听取同志们的意见建议，不断提升各项工作的领导管理水平，树立一名党员领导干部的良好形象。

常用的思维"切入点"，无论是剖析的问题也好，还是问题的对策也好，都只是一些启发我们写作的思路参考。在实践中，我们应当认认真真地按照主题教育的活动安排，"一日三省吾身"，客观反思自己的不足，实事求是地评析这些不足的原因，再思考将来应该怎么进步。这些所谓的思维"切入点"，重要的是启发作用，而不是虚与委蛇地应付。

第8章

常见公文类型分析之四
发言讲话

本章所介绍的公文材料，均是常见的口语用稿。尊重口头表达习惯，是其共同特点。同时，由于我们在不同场合的讲话有不同的目的、侧重和风格，此类材料在写法上也会有很多值得注意的地方，蕴藏着一些经验和技巧。

另外，本章主要介绍日常工作中常见的竞聘发言、领导讲话、主持词三种，不包括诗歌朗诵、年会主持等文艺性较强的文体。

8.1　竞聘发言

近年来,无论体制内外,公开竞聘正逐渐成为选人用人的重要环节,竞聘发言作为其中的关键部分,也备受人们的关注。一份理想的竞聘发言稿,可以在此类难得的机会中展现自我,有机会改变个人的职业发展前景,可谓事关重大。

竞聘发言稿的框架是相对固定的,而且都会在竞聘文件或者竞聘方案中予以明确。我们在写稿之前,需要根据框架要求,确定每一部分的主要内容。但有的单位在竞聘文件或者竞聘方案中,并没有明确竞聘发言应当包括哪些部分,没有明确的框架,让应聘者十分困惑,不知道该怎么写发言稿。

实际上,竞聘发言一般离不开四个部分:自我介绍、对拟竞聘岗位的认识、优势在哪里、竞聘成功后要怎么干。

8.1.1　自我介绍

自我介绍注重的是在简短的时间内,尽可能地让别人知道:我是谁,我从哪里来,我做了什么。这也构成了自我介绍部分的三大基本元素。

1. 我是谁

言简意赅地介绍自己,包括所在部门、任职岗位、专业、毕业院校、特长等内容信息。如果台上与台下互相之间还不是特别了解，那么这一部分可以多写几句话，反之则越简略越好。

身处一个只有几十人的小单位，领导或者评委对我们相对比较熟悉，不需要重复太多个人信息。但身处一个庞大复杂的单位系统，我们的自我介绍就需要更加全面一些。

2. 我从哪里来

说明自己目前的岗位状况。如果在单位里已经经历过多个岗位的历练，可以做简单的罗列；如果在加入本单位之前曾经从事其他工作，也可以一并加以介绍。

如果其他方面的履历有助于改善领导对我们的印象，那更不能轻易放过这一点点自我表现的机会。

3. 我做了什么

简要说明自己进入单位以来的业绩和工作成果。有荣誉的，可以罗列荣誉，干货满满；没有荣誉的，可以讲讲负责过什么事务，也算有个交代。

荣誉当然要讲，但如果那些荣誉时隔太久，还是少讲为好。比如，2019年的竞聘活动，把自己2013年的荣誉拿出来说，容易给评委留下一个印象：这人2013年以后看来没干出什么事……

综合上述三大基本元素,我们可以拟出一则实例:

各位领导,十分荣幸能参加此次竞聘活动。我叫×××,毕业于××大学××学院,于×年×月加入单位大家庭。数年来,历任××、××、××等岗位,现担任××职位。曾承担并完成×××等工作任务,并先后获得××等个人荣誉。

这一则实例可以当作"万金油",在绝大部分场合都可以套用。

8.1.2 对拟竞聘岗位的认识

这一部分是难点,而且不同的人有不同的难处。有些人是有想法,但却不知道该如何表述,出口难以成章;有些人是根本就没有想法,对拟竞聘岗位是做什么的毫不知情;而有些人则兼而有之,略有想法,也略懂岗位特点,但都不算全面也不算准确,难以下笔成文。

因此,写不好这一块内容的原因很复杂,既有写作能力方面的因素,也有信息收集和分析能力方面的不足。要解决这样的问题,可以分为以下几个步骤。

首先,我们需要了解目标岗位是什么性质的岗位。在实践中,无论体制内外,岗位性质和岗位内容都有可能是多种多样的,有的是注重专业能力的技术领袖,有的是注重统筹协调的中层管理,有的是注重绩效指标的业务核心。因此,我们心中要明白它们的侧重点,对岗位的根本性质有正确认识。

◎ 案例

某国企组织中层岗位竞聘活动,公开竞聘的岗位有办公室副主任、项目中心副总工程师、市场营销部副部长。这三个岗位便是典型的三种不同侧重点。办公室副主任侧重于统筹协调，项目中心副总工程师侧重于专业技术，市场营销部副部长侧重于绩效指标。这也是我们对不同目标岗位所形成的最基本认识。

除了岗位性质之外，我们还需要尽可能地收集岗位详细信息。其中，从该岗位的以往工作总结中获得信息，是最直接也是最有效的方式。比如，我们要竞聘隔壁部门的中层管理者岗位，可以想办法拿到这个部门的工作总结，或者该岗位原同事的个人总结。通过总结，我们就能够直观感受到这个部门或者这个岗位平时是做什么工作的。

小贴士 有些总结内容繁杂，但其中放在第一位的，或者耗费笔墨最多的，那必然是最重要的工作。有轻有重，有详有略，才是我们"解读"总结的原则方法。

如果没有总结，我们也可以多问问相关的同事，尽可能地了解这个位置到底是干什么的。无论这种渠道能否给我们带来足够的信息，也总比"一无所知"地去参加竞聘更有优势。

案例

在上述国企竞聘活动中，某甲是办公室的一名普通工作人员，准备竞聘市场营销部的副部长，虽然他从未接触过市场营销部的工作，对该岗位也并不知晓，但由于他身处办公室岗位，手上汇总了各个部门的总结、信息、报告等文字材料，很容易便掌握了该部门

的工作内容和工作特点,他的竞聘演讲也更贴近岗位的实际特点,成为其竞聘成功的助力点。

也有一些时候,我们确实得不到目标岗位的信息。比如,我们既不熟悉岗位也不认识人,没有拿到文字材料的便利条件。又比如,有些单位没有公布具体的竞聘岗位,而是竞聘某一职级,具体岗位需要在竞聘成功后另行分配确定。我们就需要准备一些常用的"套路",来应付这种困境。

所谓常用的"套路",主要是基于岗位特性而定。但实际上,几乎所有单位所有岗位,都会要求我们具备以下几个特质。

需要我们会交流沟通:现代社会中,无论什么职业或者什么岗位,都需要依托团队的力量去完成,不可能崇尚"单打独斗"式的英雄。在竞聘中,讲讲目标岗位注重整合团队力量,总是不会错的。

需要我们会上下衔接:公开竞聘的一般都是中层岗位,中层岗位的特点是承上启下,上有领导,下有部属,上下衔接是一项基本功。在竞聘中,讲讲目标岗位注重承上启下,总是不会错的。

需要我们会开拓创新:开拓创新、担当进取,是当前我们所崇尚的精神品质,不管在什么行业、什么单位、什么岗位,都需要有这样的勇气和意识。在竞聘中,讲讲目标岗位注重创新开拓,总是不会错的。

需要我们会学习进步:现代社会无论是形而上的理念思维,还是形而下的知识技术,都处于极快的更新节奏之中。不断的自我学习和自我进步,是做好每项工作的必要条件,更是我们需要表达出的正确导向。在竞聘中,讲讲目标岗位注重不断学习和知识更新,总是不会错的。

需要我们会激情奋斗：任何一个岗位都需要有工作热情，不管其侧重点在哪里，拼搏向上的斗志是离不开的。在竞聘中，讲讲目标岗位注重激情奋斗，总是不会错的。

另外，我们还可以根据单位的文化特点，再整合一些单位里常常提及的词汇内涵，丰富竞聘稿的内容。

小贴士 某机关注重文化建设，对年轻干部职工有一句口号："××之上，青春飞扬！"在该机关的内部竞聘中，可以在合适的地方插入这句话，彰显出我们融入单位大家庭的姿态。

延续前文某国企的实例。

某甲准备竞聘市场营销部副部长的职位，在分析了该部门的文字材料后，形成了以下竞聘发言稿。

市场营销是公司业务流程的关键环节，我认为市场营销部的副部长岗位应当具备四个方面的特质。

（一）需要有敏锐的市场信息触觉

作为面向市场竞争的一线岗位，必须对市场的瞬息万变具备敏锐的触觉，善于收集分析市场信息，方能做出正确的应对决策。特别是我公司目前以××、××、××等为核心竞争力，更需要关注市场趋势，回应市场变化。（略）

（二）需要有积极的开拓创新意识

市场营销是一门高深的学问，在理论层面和实践层面，都不断出现新的成果和经验，需要我们与时俱进，开拓创新。作为营销部门副部长，更应当走在创新发展的最前线，结合公司××、

××、××的市场特点，拓展营销工作局面。（略）

（三）需要有坚定的奋斗进取精神

当前，我们正面临着激烈的市场竞争，逆水行舟，不进则退。营销部副部长站在营销活动第一线，必须要有开拓进取的奋斗精神，努力克服当前面临的××、××、××等困难因素，实现营销业绩的新增长。（略）

（四）需要有高超的团队领导能力

营销工作是一项团队任务，作为营销部副部长，应当善于调动每一位营销员的积极性，整合团队资源，才能完成任务目标。（略）

上述四个方面的认识，是梳理总结各类信息资源，并加以加工和"发挥"后的文字成果。

我们先看框架上的特点：这四个方面本身具有普适性。除了（一）的市场信息触觉可以算是市场营销部的特点，其余（二）、（三）、（四）都可以应用在任何一个目标岗位上，这也是前文所说的"套路"。

比如，（二）所提及的开拓创新意识，市场营销部副部长确实需要，但如果竞聘的是办公室副主任、项目中心副总工程师，难道就不需要开拓创新了吗？同样也需要。同理，（三）的奋斗进取，（四）的团队领导，在这几个岗位上都是"万能"的，都是可以直接用起来的。只不过在具体内容的表述上，需要根据不同的岗位进行调整。

因此，我们在完善里面的具体内容时，应尽可能地融入公司营销工作的基本信息。在（一）里面介绍了目前市场上的核心竞争力所在，在（二）里面描述了当前的市场行业特点，在（三）里面点出了当前营销工作所面临的困难因素，展现出了我们对这个问题有所掌握、有所思考、有所研究的特点。同时，我们也可以让领导从中发现我们的"即战力",为自己的竞聘获胜赢得更多的加分。

当然,这里面体现出的是某甲在信息收集方面的优势,而并非是单纯的"文笔取胜"。正因为某甲在写作之外,具有更强的信息汇总能力,才使得其发言内容比一般人的"泛泛而谈"更加有针对性,自然也更容易赢得领导或者其他评委的青睐。

所以请记住:公文写作的功夫,大多在写作这件事情之外所得。

8.1.3 优势在哪里

优势主要是基于两个方面的考虑。

一方面,自己身上确确实实有某方面的优点或者特长,可以作为竞聘中的核心竞争力。

另一方面,基于对目标岗位的认识,发现某些优势是比较契合岗位需求的,而我们也必须要回应这种需求。

明白上述两个方面的特质,我们提炼自身优势的思路和方法就出来了:结构上必须对应我们对目标岗位的认识,内容上必须契合我们自身的特点。

继续用前文的实例来说明。

某甲根据市场营销部副部长职位的特点,着手分析自己的优势。他认为自己硕士研究生的学历相对较高,在办公室工作多年也培养了一些团队交流协作的能力和经验,一直以来加班加点的工作表现被领导看在眼里。于是,某甲在表达自我优势的环节,做出了如下的提炼和归纳。

针对该岗位,我认为自己有以下四个方面的优势。

(一)信息收集精准高效,有助于应对市场变化

擅长通过线上线下各种渠道收集内外信息,具备较强的信息收

集和归纳能力。特别是办公室工作经历,培养了我对各类信息资料的收集能力,对市场营销的内外状况形成了较为系统的认识。(略)

(二)学习钻研能力较强,有助于拓展工作局面

从学生时代以来,一直保持着学习新知识、培养新理念、掌握新方法的习惯。特别是研究生阶段养成的学以致用习惯,以及参加工作以来积累的业务知识,有助于我分析具体问题、改进营销策略、破解固有难题,拓展工作局面。(略)

(三)吃苦耐劳意志坚定,有助于咬定营销目标

进入单位大家庭以来,始终坚持勤勤恳恳、兢兢业业的工作态度。在办公室工作期间,经常主动放弃休息时间,加班加点,能够较好地完成领导交代部署的各项工作任务。(略)

(四)团队协作经验丰富,有助于整合资源渠道

多年的办公室工作,帮助我积累了丰富的内外交流协调经验,锻炼了我的团队协作能力,也有利于我整合资源渠道,提高营销活动效率。(略)

上述四项个人优势的表达,其实是个体客观优势与岗位条件需求的相互融合。

一方面,在整体框架上,个人优势与对目标岗位的认识做到了一一对应:

目标岗位需要有市场信息触觉,"我"便信息收集精准高效;

目标岗位需要有开拓创新意识,"我"便学习钻研能力较强;

目标岗位需要有奋斗进取精神,"我"便吃苦耐劳意志坚定;

目标岗位需要有团队领导能力,"我"便团队协作经验丰富。

这四大板块,其实是由前一部分"对目标岗位的认识"所决定的大格局,是一种延续下来的框架要求,保障了竞聘稿整体上的一致性。

另一方面，在实质内容上，则尽可能地将自己的个体特点予以展现。比如，自身高学历，佐证了"我"学习能力强；办公室工作履历，证明了"我"对信息收集和协作交流方面的经验；过去加班加点的经历，说明了"我"勤劳肯干。也就是说，"我"身上的这么多优秀品质，并不是"我"在自吹自擂，而是有真实的履历证明，有实实在在的事迹支撑，真凭实据，童叟无欺。

因此，形与实的结合，回答了"优势在哪里"这个问题，进一步凸显出了我们与目标岗位的适配性。

8.1.4 竞聘成功后要怎么干

这是竞聘发言的最后一块，同时也是比较微妙的部分。从理论上看，这部分应当是核心所在，是展现个人思路水平，赢得领导信任的关键。但是从实践看，这部分却又没有太多可以琢磨的空间。它类似于总结计划中的计划部分，看似考验综合能力，实则虚虚实实，甚至缺少相互比较的规范和标准。

有些领导喜欢有高度，思维活跃，眼光开拓，多讲一些平时没听过的，振奋一下精神；有些领导又喜欢讲实际，最好是具体到某项工作怎么干、某个指标怎么完成、某个难题怎么解决等。

因此，这一部分也是虚虚实实，难以定论。

但相比而言，"能实则实"仍然是一项原则，因为如果能多讲一些实在的东西，不管对错，总能说明我们对目标岗位的信息掌握比别人多，对目标岗位的思考研究也比别人认真。在领导看来，这

也许会成为我们的竞争优势。至于"不能实"的部分，我们可以尝试着多发一些抒情、多表一些态度，或者多喊一些口号。

继续上文的实例。

某甲按照"岗位需要什么"—"偏偏我又有这样的优势"—"下一步我该怎么充分发挥优势"的逻辑，完成整个竞聘演讲稿的最后部分。

假设我有幸竞聘成功，我将在新的岗位上，重点开展四个方面的工作。

（一）拓展渠道，加快市场信息反馈

（略）

（二）创新进取，不断开拓营销格局

（略）

（三）咬定目标，全力确保指标增长

（略）

（四）整合资源，提升团队协作效率

（略）

上述四个方面，体现了竞聘演讲的整套逻辑是一脉相承的。从最开始的"我认为这岗位应当具备什么样的特质"，到"我认为自己有几个方面的优势"，最后到"我将重点开展以下几个方面的工作"，都是相互呼应，形成了完整的结构。

我们最后再将其做一次梳理。

"我"认为这个岗位需要有敏锐的市场信息触觉，同时"我"信息收集精准高效，有助于应对市场变化，所以"我"适合这个岗位。如果有幸竞聘成功，"我"将拓展渠道，加快市场信息反馈。

"我"认为这个岗位需要有积极的开拓创新意识，同时"我"学习钻研能力较强，有助于拓展工作局面，所以"我"适合这个岗位。如果有幸竞聘成功,"我"将创新进取,不断开拓营销格局。

"我"认为这个岗位需要有坚定的奋斗进取精神,同时"我"吃苦耐劳意志坚定,有助于咬定营销目标,所以"我"适合这个岗位。如果有幸竞聘成功,"我"将咬定目标,全力确保指标增长。

"我"认为这个岗位需要有高超的团队领导能力,同时"我"团队协作经验丰富,有助于整合资源渠道,所以"我"适合这个岗位。如果有幸竞聘成功,"我"将整合资源,提升团队协作效率。

因此,这样的竞聘演讲逻辑结构十分严密,说服力也相对较强,更有把握在竞聘中赢得胜利。

最后,我们也要准备得体的"退场词":

如果不能如愿以偿,我也将继续学习、继续磨砺、继续进步,一如既往地做好本职工作,希望各位领导继续关心、支持和鼓励。

"退场词"说完之后,竞聘演讲完毕。

另外,还有一个字数问题。我们竞聘演讲的时间有限,一般都需要在 5 ~ 10 分钟之内完成,所以要确定大概的字数范围。

可以参照本书第 1 章关于字数确定的内容。

各位读者,看完本节之后,是否对参加竞聘演讲更有信心了呢?

8.2　领导讲话:一场大会上的交锋与呼应

为领导撰写讲话稿,是"笔杆子"的重点工作任务,也是对综合文字表达能力的全面考验。相比其他文字材料而言,这类讲话稿需要我们模仿和遵循领导的思维模式、观点立场和表达习惯,尝试用他人的风格来讲述一件自己可能熟悉也可能不熟悉的事情。

同时,这类讲话稿深受领导重视,我们要深入思考一些公文写作中的"进阶性"问题:高度够不够,写的东西是否符合领导水平;领导怎么看待这个问题,有没有点出领导的主要观点;讲话稿的内容和逻辑是否清晰,领导能否看得明白;安排的任务是否准确,领导会不会有其他想法。这些问题都会影响文稿的内容和写法,甚至会大幅度增加工作量。

领导讲话稿往往需要反复斟酌修改,经历"几上几下",才能敲定终稿。越重要的场合,或者级别越高的领导,其讲话稿就越需要逐词逐句推敲。如果碰上一些要求高、脾气差、严厉的上级领导,这个过程就更加煎熬。因此,许多"笔杆子"闻之色变,避之不及。

不同场合下的领导讲话稿,都会有不同的要求和特点。我们可以将其分为几个特定的类型,并且在每个类型中区分出一些特定的注意事项。

为更好地说明这些类型区别,我们可以先设计这样的情景。

某县政府召开重点工程建设推进大会,会上安排了以下几项议程:

第一项,县发改局长汇报重点工程建设总体情况;

第二项,县经信局、县住建局、县农投公司等任务进度较好的单位做经验交流;

第三项,县交通局、县水利局等任务进度滞后的单位做表态发言;

第四项,县委书记总结讲话。

我们需要为相关局领导和县委书记分别撰写讲话稿,并在这个过程中窥探这一场大会上的交锋与呼应。

8.2.1　汇报式:简要而不失专业

我们所撰写的讲话稿,是领导拿去向他的上级领导做汇报,那么就需要坚持简要而不失专业的原则。

所谓简要,指的是就事论事,言简意赅,不说废话。

所谓专业,指的是精准分析,术语融合,不讲傻话。

一般而言,这类汇报式的讲话稿内容应当分为三个部分:当前情况、存在的问题、下一步工作建议。其中,"当前情况"可以讲好,也可以讲不好,但主要是讲好的方面,因为不好的方面可以归纳到"存在的问题"之中。同时,下一步工作建议则应当是针对存在的问题,尽可能地做到一一对应。

在本章的实例中,我们首先为县发改局局长所撰写的发言稿,便是属于这类汇报式讲话稿的类型,在写稿过程中应当始终谨记简洁和专业的原则。

一、当前重点工程建设推进情况

上半年以来,在县委、县政府的正确领导下,我县重点工程推进情况较好。具体表现在三个方面。

(一)投资指标完成良好

各项投资指标基本完成"时间过半任务过半"的目标。

县本级重点工程××项共完成投资额×××亿元,同比增长××%,完成年度计划的××%,比去年同期高出×个百分点。

省、市重点工程××项共完成投资额×××亿元,同比增长

××%，完成年度计划的××%，比去年同期高出×个百分点。

（二）在建项目进度较快

全县××个在建重点工程，共完成投资额××亿元，完成年度计划的××%。其中，××、××、××等上级督考项目推进顺利，××、××、××等示范项目形象良好。

（三）工作机制不断完善

实行县领导挂钩督促机制，有效加快重点工程进度。优化重点工程督促协调机制，对重点工程实行"红黄蓝"分类管理，取得预期成效。

二、当前存在的问题

同时，我县重点工程建设还存在着四个方面的问题。

（一）工程建设进度不均衡

从项目结构看，××、××、××等领域的项目推进较好，已经完成年度计划的××%；××、××、××等领域的项目推进较慢，仅完成年度计划的××%。

从建设平台看，××、××、××等平台主体任务完成情况较好，上半年实现投资额××亿元，完成年度任务的××%；××、××、××等平台主体完成情况不理想，上半年完成投资××亿元，仅完成年度计划的××%。

从地域划分看，××镇、××街道、××园区推进情况较好，均实现时间过半、任务过半的目标；××镇、××街道、××园区均未达到目标节点。

（二）项目开工数相对较少

上半年应开工项目××个，其中实现开工项目××个，完成率仅××%，"开工难"现象较为突出。其中，××、××、××等项目未能如期开工，对我县下一步工作带来不利影响。

因政策处理不到位导致的，主要有××、××、××等项目，占未开工项目数的××%。

因资金保障不到位导致的,主要有××、××、××等项目,占未开工项目数的××%。

因审批手续不到位导致的,主要有××、××、××等项目,占未开工项目数的××%。

(三)项目招引成效不明显

今年计划招引项目××个,计划到位资金××亿元。截至上半年,仅签约意向项目××个,落地开工项目×个,到位资金仅完成年度计划的××%。

一是宏观环境压力加大,导致好项目、大项目偏少。二是招商渠道相对有限,对市场信息的反馈速度偏慢。三是招引方式有待优化,全员抓招引的格局尚未形成。

(四)管理水平不高

与兄弟县市区相比,我县对重点项目的管理还存在着三个方面的问题。

一是缺少配套政策扶持,项目推进环境还需要进一步优化。二是条块管理效率不高,协同工作机制还需要建立。三是项目储备较少,注重项目谋划的氛围尚未形成。

三、下一步工作建议

针对上述问题,提出以下四点建议。

(一)抓进度,加快项目推进步伐

(略)

(二)抓开工,强化项目前期管理

一是强化政策处理。(略)

二是强化资金保障。(略)

三是强化审批服务。(略)

（三）抓招引，改进项目招商模式

一是应对宏观环境变化。（略）

二是不断拓展招引渠道。（略）

三是优化招商引资手段。（略）

（四）抓统筹，提升项目管理水平

一是统筹做好政策落实。（略）

二是统筹实行条块管理。（略）

三是统筹谋划储备项目。（略）

汇报式讲话稿，具有以下几个特点。

首先，数据不能少。作为牵头单位，要描述一项工作的进展情况，最客观而且最重要的表达方式就是"用数据说话"。绝对值多少，同比增速多少，占比多少，都是数据的表达形式。任何分析判断都应当建立在数据的基础之上才显得有意义。上文实例中，多处援引了数据作为支撑，使文稿内容显得翔实可靠。

其次，问题归纳清。任何一件具体工作所面临的问题都是十分复杂的，细细归纳起来可能有许多内容。但是在特定场合下，既要有所取舍，又要有所归纳。所谓取舍，就是"不必要讲的不要讲"。所谓归纳，就是要将纷繁复杂的问题因素归纳到几个共性的部分，在"少而精"的条目之下将内容讲述到位。上文实例中，通过四个大问题的框架，以及每个大问题下面再区分出若干小原因，形成了较有条理性的系统，使汇报思路更加清晰。

最后，建议应有效。作为主管部门，我们发现这项工作存在问题，但如果是自己单位可以解决的，就不用再作为建议提出。作为建议并向上级领导汇报的，必然是需要其他兄弟单位配合我们去干的事。因为兄弟单位与我们平级，我们不方便直接指挥他们去干，所以只能我们向上级领导提出建议，希望上级领导采纳并成为他的意志，进而由他去命令兄弟单位这么干。正如上文实例之中，抓进度、抓开工、抓招引、抓统筹这四项建议，虽然与重点工程息息相关，但都是县发改局自己没法干，而需要其他单位配合的事项。将其作为建议，再形成领导的决议，便可以调动其他单位，形成合力，达到我们的目的。

当然，上述要求仅仅是站在公文写作的角度去谈，汇报能否写得好，主要还是我们对于实际情况掌握是否到位、素材收集是否全面、问题分析是否符合实际。这些环节的成败，就不仅仅是写作层面的问题了，关乎我们对这项工作是否知根知底。

8.2.2 交流式与检讨式：几家欢喜几家愁

与汇报式讲话稿相同的是，这两类讲话稿同样也是"小领导面向大领导"的类型，只不过所扮演的角色和立场有所不同。他们不用去介绍现状，也不用分析问题，更不用提出什么建议，只需要讲过去和未来。另外，他们的篇幅也相对较短，发言时间往往控制在五六分钟，在内容表达上也更加追求言简意赅。

作为先进代表去交流的，就多讲讲过去，本质上是一种工作总结，意思是"以前我是这么干的，所以才干得这么好"。

作为落后代表去检讨的，就多讲讲未来，本质上是一种工作计划，意思是"以前工作没干好，但今后我这么干一定能干好"。

所以，这两类不同的发言稿便有较大的差异性。我们如果是两家单位的"笔杆子"，就要考虑发言场合与角色定位，根据不同的需要，为领导写好讲话稿。

仍然以上文的全县重点工程建设工作会议为例，我们有几家单位是"优秀生"，要做先进经验交流；有几家单位是"后进生"，要做检讨表态发言。我们各选取一家单位,作为实例介绍。

先看"优秀生"县经信局的发言稿。

尊敬的某某书记,各位领导:

上半年,在县委、县政府的正确领导下,我局坚持以推进项目建设为总抓手,全力以赴,取得了良好的成效。××、××、××等重点项目实现投资××亿元,完成年度任务的××%,带动全县工业投资实现××亿元,完成年度计划的××%。

上半年以来,主要采取了三项举措。

一是创新理念,项目谋划科学务实。创新工作方法,注重规划引导,准确定位产业发展格局,积极谋划了××、××等项目,并推动了某某项目的落地开工。(略)

二是借势而为,政策对接取得实效。第一时间与上级对接,全力争取中央和省、市优惠补助政策,破解资源要素瓶颈制约。(略)

三是强化服务,业主关怀落实到位。深入一线,主动服务企业业主,及时协调解决企业在项目投资建设中遇到的困难。(略)

下半年,我局将针对当前工作投资运行中的问题,继续采取三项举措。

一是进一步深化项目谋划机制。(略)

二是进一步强化资源要素保障。(略)

三是进一步优化企业服务手段。(略)

各位领导,同志们,县经信局将按照今天会议精神和某某书记重要讲话要求,继续咬定目标不放松,戒骄戒躁,再创佳绩,确保完成年度任务目标。

"优秀生"的交流发言,特点便是以"炫耀"过去的成绩和经验做法为主。

开头,突出了前期的成绩,说明"我们做得好"。

之后，分几个点讲述了前期的做法，说明"我们是怎么做才做得这么好的"。

最后，讲一下接下来的打算，说明"下一步我们还要做得更好"。

按照这样的逻辑结构，我们的交流发言便显得完整，也可以较好地勾勒出前期工作内容，做到了"有干货可供交流"。

接着，我们再看"后进生"县交通局的表态发言。

尊敬的某某书记，各位领导：

根据会议安排，我代表县交通局做如下表态发言。

今年，我局共承担××、××、××等项目的牵头职责，年度投资任务××亿元。但由于政策处理未及预期、资金要素制约明显、二次设计现象较多等因素影响，相关项目进展情况总体不理想，上半年仅完成投资××亿元。对此，我局认真检讨反思，并将采取有效措施，全力扭转不利局面。

一是集中精力抓项目进度。

我局将第一时间传达和落实今天会议精神和××书记重要指示，集中全局力量，将项目建设放在更加重要的位置，倒排时间节点，确保完成年度任务。（略）

二是全员发动抓责任落实。

我局将进一步细化重点工程建设的责任分工，针对各个项目成立专项攻坚小组，并将任务责任落实到人。（略）

三是全力以赴抓统筹协调。

我局将积极对接××、××、××等单位，协助加快政策处理、融资管理、前期设计等各个环节，共同推进项目建设取得实效。（略）

各位领导，同志们，县交通局将以此次会议为契机，知耻而后勇，迎头赶上，打好重点项目建设的"翻身仗"。

"后进生"的表态发言，特点便是直面问题，好好说清楚"亡

羊补牢"的打算。

在开头主要是坦诚不足,说明"我们做得不好"。

然后简单归纳几点原因,说明"我们做得不好主要是因为什么"。

  原因尽可能是客观原因!

之后便开始讲下一步要怎么干,说明"我们今后准备这么干,而且一定会干好"。

上述实例对比可以发现,两家单位的写法迥然相异,可谓"几家欢喜几家愁"。而这种迥然相异,其实也是因为"优秀生"与"后进生"在特定场合的身份不同,目的不同,进而形成不同的立场。

我们为领导撰写这类发言稿,就需要结合会议背景,准确判断我们是去"炫耀"的,还是去"检讨"的,从而做到精准把握文稿方向。

8.2.3 总结式:重要讲话重在哪里

如果说,上面两种发言稿的类型,都是"小领导向大领导汇报",那么最后的"大领导重要讲话"便是这场会议上一锤定音的关键部分,也是最需要推敲和琢磨的部分。

这便是总结式的领导发言稿,往往也被称为重要讲话。

重要讲话的特点,主要是站位高、综合强、语气硬等。这也是由发言领导的身份特点,以及会议场合的需要等因素所决定。

站位高,意味着不能就事论事,而需要延伸拓展。在很多场合下,"大领导"讲话第一部分都喜欢用"统一思想、提高认识"等标题,旨在强调该项工作的重要性,目的是对"听众"进行思想教育。这一部分便是展现领导认识高度的载体，也是"大领导"讲话中特有的标志性环节，突出的是其站位高的特点。

综合强，意味着不能自说自话，而需要有据可依。"大领导"在讲话之前，往往会有其他人的发言作为铺垫。他们有的介绍了情况，有的分析了问题，有的提出了建议，而我们最后的发言必然要做出回应，综合他们的意见，再做出自己的判断。比如大家讲到的情况是否予以肯定，比如大家提到的问题是否同意，比如大家提出的建议是否采纳等。

语气硬，意味着不能模棱两可，而需要一锤定音。汇报式的发言可以提建议，但"大领导"的讲话就必须是提要求，说一不二，指哪打哪，将具体工作任务明确布置下去。因此，在句式上多使用明确的祈使句，常用的结构便是"××要做好××事，以取得××成效"。

我们继续上文的实例。在介绍了县发改局长讲话稿、先进单位交流发言稿、落后单位检讨表态稿之后，再来分析会上最核心的县委书记讲话稿。

讲话稿分为四个部分。首先是开场白。

同志们：

今天召开全县重点工程建设工作会议，主要目的是总结上半年重点工程建设情况，安排部署下半年工作任务，确保全年各项任务目标的顺利完成。

刚才，县发改局通报了上半年重点工程任务完成情况，分析了其中存在的问题，并就下一步工作提出了建议。县经信局等五家单位做了表态发言，希望大家结合实际，抓好贯彻落实。

下面，就进一步抓好重点工程建设，我再强调三点意见：

领导讲话一般都会比较长，但开场白部分还是需要言简意赅，

比较直接地点出此次会议的意义所在,同时回顾会议前一阶段的议程进行情况,也方便自己的"讲话"进入正题。

 讲完这一段后,大家要开始仔细聆听领导的"几点意见",做好笔记。

开场白之后,开始进入正题,也就是"强调三点意见"的第一点。

一、统一思想,充分认识重点工程建设的重大意义

某领导强调,抓好今年的经济工作,就要紧紧围绕某某会议精神,做好各项工作,巩固经济社会稳定大局。某领导强调,要进一步增强工作的前瞻性和预见性,在谋划重大工程、加快招商步伐、推动项目落地上下功夫。这些决策部署,为我们做好重点工程建设、推动高质量发展指明了方向。

近年来,全县坚持把抓项目、促投资、稳增长作为重点,通过采取一系列举措,加快项目建设,取得了实实在在的成绩,带动了全县经济社会的健康发展,上半年各项经济指标均呈良好态势。

当前,省委、省政府出台了××政策,强调要实施××战略。市委、市政府提出了××建设思路,要求提升××能力。我们要把握机遇,清醒认识当前的主攻方向,将扩大投资、谋划项目、推进工程建设作为主抓手,将项目建设作为高质量发展的支撑。

因此,全县各部门要充分认识到抓投资就是抓发展、抓项目就是谋未来,××、××、××等战略的实施,××、××、××等目标的实现,都需要以项目建设为抓手,以项目推进为支撑,将项目建设作为真抓实干的载体。我们一定要紧抓项目建设不放,将项目建设作为主引擎。既要有紧迫感,又要脚踏实地,扎扎实实谋项目、抓建设、促发展。

这一块是领导在"高度"上的集中体现,也是县委书记站位比其他人更高的表现。换言之,在这样的会议场合下,也只有县委书记作为场上"最大"的领导,"有资格"讨论"怎么看待重点工程建设"这个问题,同时也只有县委书记会将"这件事情"与上级战略相结合,体现出其"高瞻远瞩",进而将这场会议的主题得到"升华"。

小贴士 领导经常强调讲话稿的"高度"问题,而"高度"就是集中体现在这第一段里面。这考验了我们对于具体工作的宏观把握能力,也就是说,我们应当擅长将某项具体事务摆在大局的角度去思量。同时,这也是领导思维的模式和特点。

我们继续看"强调三点意见"中的第二点。

二、突出重点,促进项目高质量谋划、招引和建设

今年以来,我们根据省市战略部署,采取了××、××、××等多项举措,取得了较好的成效,但也存在着一些问题和不足。下一步,我们要持之以恒,牢牢抓住项目谋划、招引和建设的主抓手,以点带面,推动全局工作发展。

一是坚持早抓项目谋划。早谋划,才能早落地、早开工、早见效。要对标××发展战略,立足××发展目标,抢抓发展先机,形成先发优势。特别是××、××、××等项目,要早做准备,将工作做充分、做实在、做到位。大家要坚持将项目谋划作为工作重心,按照××方案要求,立足各自优势,谋划项目,推动全局工作发展。

二是坚持优化项目引进。抓项目引进,注重的是项目质量,需要的是对发展有益的项目。要树立抓项目就是抓发展的理念,就应当将项目招引放在更加重要的位置上,集中精力、明确重点、强化

措施，多引大项目、好项目、新项目。提升项目招引的水平，瞄准行业龙头、国内500强、世界500强等企业，针对性地开展招商活动。特别是要结合××、××、××等领域，抓住重点，突破难点，做出亮点，切实引进一批重要项目。

三是坚持紧盯项目建设。紧盯不放，形成合力，才能做出实效。我们要注意向上争取政策、指标和资金的支持，解决我们的要素制约瓶颈。各部门要将争取项目支持作为一项基本工作。特别是目前进度较慢的××、××、××等项目，要将项目建设一盯到底，盯牢、盯死。另外，我们要服务好项目建设，要积极服务企业，用项目建设的成效，判断我们工作是否做到位、是否做扎实。

这一块是领导布置工作任务的环节，是领导对该项具体工作提出的思路和要求。与前文相对比，我们可以发现站在县委书记的立场上，他的讲话有三个特点。

一是语气更加坚定强硬。领导倾向于命令式的语气，而不是建议式的。具体表现上，比如有早抓抢抓、盯紧盯死、切实干好等语气更加强烈的词汇。再加上领导的口语化表述，以及对具体部门和项目的点名，促使他们高度重视这项工作，努力完成领导交代的任务，从而达到召开此次会议的目的。

二是条块分类更加笼统。越大的领导，对工作的条块分类会越加笼统。在县委书记看来，重点工程建设那些庞大复杂的条条块块内容，都需要加以归类汇总，搭建起谋划、招引和建设三大块这样的框架，然后在框架的体系下，提出相应的要求。

 这一点与前文县发改局长的汇报稿形成鲜明对比。

三是讲理内容前置陈述。大领导在讲任务之前，一般会先"讲一通道理"，再回归到具体事务上。比如，讲早谋划，领导会先说说"早谋划"的重要性，解释我们为什么要"早谋划"。讲盯项目，领导也会先说说为什么要"盯项目"。从讲道理，再到谈实务，也是体现领导"站得高、看得远"的方法。

总而言之，站在县委书记的角度，对这项工作任务进行部署，颇有一种"老师带学生"的意味。无论是语气，还是论理，既有"我要你干什么"的命令，也有"我教你干什么"的指导，更有"我让你这么干是因为这样那样"的解释。因此，在领导发言稿里，我们需要将这些意思准确而全面地表达到位。

再看"强调三点意见"中的第三点。

三、加强领导，形成合力推进项目谋划、招引和建设的良好局面

一个项目从谋划，到招引，到落地，再到建成，是一项系统工程，需要持续发力，久久为功。这离不开广大干部的担当和配合。全县上下党员领导干部要把目标找准、把责任落实、把压力传递，形成合理推进的良好局面。

一是要完善××工作机制。认真落实××、××、××等工作机制，健全部门岗位责任，优化工作体系，推进××改革，确保制度落实不打折扣，形成工作习惯和行为自觉。

二是要落实××任务要求。今年，某领导提出在全市开展××活动，落实××工作任务。我们要严格按照这一要求，谋划推进好项目建设，向上级领导交出一份满意的答卷。

三是要强化项目责任落实。各部门要将抓项目作为首要任务，具体抓、抓具体，主要负责人亲自上阵，积极发挥职能。各重点工程的挂钩县领导要担负起牵头协调责任，及时解决难题，做出表率。

四是要严格开展督导督查。县督查室要将抓项目作为重点督查内容，采取各种督办方法，加强项目的事中事后监管，表扬先进、批评落后，确保按照规定的时间节点完成目标任务。县人大、县政府也要积极组织视察调研活动，形成监督合力。

这一块是大领导调动各方面资源去完成目标任务的途径，也是这次会议召开的关键意义所在，旨在解决某件事情"该怎么干"的问题，凸显出了方法论的根本。这些要求也只有从大领导的口中讲出来，才有力度，才能让其他人遵照执行。在实例中，县委书记的这一番布置，真正让各个单位重视起来，动员起来，将一场"坐而论道"的会议，转化为"起而行之"的实践成果，使会议能够取得预期的工作成效。

从上述几个框架里，基本可以看出大领导的总结讲话模式，即分为三块：思想教育、做什么事、要怎么做。我们按照这个框架，套用到千变万化的具体事务之中，便可以解决大部分的领导讲话稿撰写任务。

最后，是"强调三点意见"之后的结尾段。

同志们，上半年重点项目建设成效显著，我们要继续乘势而上，按照上级决策部署，聚焦××战略，苦干实干，一抓到底，持续保持又好又快的发展态势，合力取得××成绩。

这一段是结尾，主要是提出下一步工作的目标口号，注意语言要精练，但又要有一定的气势。

 事实上，"同志们"这三个字敲响了会议结束的钟声，大家一听便知道会议快要结束了。

8.3 主持词

主持词是大型会议上必不可少的环节，穿针引线，提纲挈领，指挥着一场大型会议的顺利推进。但同时，主持词也是这场会议上的"配角"。如果说，各单位的表态发言会印发交流，领导讲话更是会学习传达，那么主持词就如同"雁过无痕"，在会议结束之后就消失在"历史长河"之中。因此，主持词就容易被人们所忽略，在整个公文体系中处于不突出、不重要、不显眼的位置。

但正因为主持词的"不重要性"，它成为挡在许多新人面前的"拦路虎"。

因为很多单位在组织大型会议的时候，会把领导讲话稿交给经验丰富的"大秘"负责，而将主持词作为一项"新手任务"交给新人处理。

8.3.1 主持词的特点：举足轻重的"配角"

主持词是大会上的"配角"，这大可不必质疑。但它并不是可以随便应付的"配角"，而是具有举足轻重地位的。它的重要性，可以从两个角度理解。

1. 主持人的地位重要

需要撰写主持词的会议，大部分是主题重要、形式隆重、人数较多的大型会议。在这样的会议上，能够担任主持人这个角色的，绝对不会是无名之辈，而是重要的领导。

 以上文的全县重点工程建设工作大会为例,如果说县委书记是场上"最大"的领导,负责最后的重要讲话,那么主持人一般会是县长或者常务副县长,是"第二大"或者"第三大"的领导。

因此,主持词虽然不是给"最大"的领导用的,但也是给"第二大"或者"第三大"领导用的。主持人的地位相对较高,也赋予了主持词更加重要的地位。

2. 主持词的作用重要

主持词的作用,主要是从头到尾引领会议程序,确保会议所有环节都依次有序进行,就如同是一位"导演",控制着整个会议的节奏。

 当然,这"导演"并没有那么大的权限,不可能随心所欲地发挥,而需要严格按照事先确定的会议方案做好安排调度。

因此,一般大型会议都需要有主持词,帮助与会人员了解会议的目的和流程,引领整个会议的进程。

另外,主持人和主持词的存在,还能够赋予大会一种仪式感,使大会显得更加庄严,有助于营造会议氛围,使参与者注意力更加集中。

所以,主持词是会议这项活动的"奢华配置",不是每一场会议都需要主持词,只有规模较大、议程较为复杂、参会领导地位较高的部分会议,才会安排专门的主持人并准备主持词。

由此可见，主持词是"配角"，注定了它不能"喧宾夺主"，而且还要严格依循既定"轨道"。但它也是重要的"配角"，无论是用它的人，还是它的使命，都要求我们认真对待。

8.3.2 主持词的结构：尾部最难

主持词有明显的"分段"特征，头部、中部、尾部，都有各自的目的和意义所在。

头部，主要介绍会议的意义目的、参会人员和议程顺序，是约定俗成的程序性事项，不但有规律可循，而且也很容易"拼搭"出来。

中部，主要是流水线式引领会议流程，按照事先确定的方案进行，一般是约定俗成的程序性事项，照着方案"填补"上去就行了。

尾部，主要是对会议的总结，和对会议精神的贯彻落实，提出一些要求。这一部分是主持词中最重要的部分，也是最难的部分。

许多新人在撰写主持词的时候，只要对着会议方案，再参照以前类似会议的主持词，便可以将头部和中部写出个"八九不离十"的初稿来。但是对尾部，却始终不知道该如何下手，感到自己无话可说。

尾部之所以有难度，主要是考虑到三个因素。

1. 尾部是主持人宝贵的表达机会

正如前文所述，主持人往往是会议上的"二把手"或者"三把手"，对于会议的主题事项，有自己的观点想法、分析理解和安排部署，需要在这类大会上表述出来。而主持人用来表达的渠道，就是主持词的尾部。

案例

继续以前文的全县重点工程建设工作会议为例,整个会议流程分为三个部分:县发改局汇报情况、有关单位交流发言、县委书记做重要讲话。此时,如果县长作为会议的主持人,那么他在这个会议的流程之中,没有专门的发言机会,只能在主持词的尾部表达出自己的意见。

因此,主持人会十分重视主持词的尾部,因为这宝贵的几分钟,是他们履行"二把手"或者"三把手"职责的重要机会。

2. 尾部是精准部署工作的重要契机

在会议上,"一把手"固然会在重要讲话中部署工作,但是考虑到"一把手"的站位高度,他的部署更多的是资源力量的调度,倾向于解答"目标是什么""该做些什么""谁负责什么"等问题。

而主持人在尾部的部署讲话,可以将任务分解得更细致一些,让与会人员马上行动起来。比如,提出"谁在什么时间点之前,将什么事情做好"这样更加具体的命令,使会议精神在落实层面有了更好的实施路径。

3. 尾部是留存备案的唯一内容

会议结束之后,"一把手"的重要讲话可能会整理印发,送达各个单位学习传阅;各单位的交流发言可能会汇编成册,成为日后考核算账的底账材料。而主持词则可能会"烟消云散",仿佛没有出现过一样。

相比而言,尾部是主持词之中最有可能被留下的内容。特别是在关于这场大会的后续新闻报道中,可能会涉及主持人在主持词尾部提出的那几点部署要求。

> **案例**

以前文的全县重点工程建设工作会议为例，会议之后的新闻报道中，可能会有这么一段话：最后，某县长就贯彻落实此次会议精神，提出了三点要求云云。这段话就成为主持词保存下来的唯一"印记"，而这部分"印记"其实就是主持词的尾部。

所以，从这个角度看，主持词的尾部显得更加重要，需要花费一番心思去斟酌完善。

8.3.3 主持词各部位的写法

主持词的结构分为头部、中部和尾部，三个部位的写法各有特点。

1. 头部

头部的作用前文已经介绍，其套路也是十分简单明晰。

介绍会议主题：今天，我们在这里召开××会议。

介绍会议背景：此次会议是在××背景下召开的。

介绍会议目的：此次会议是为了达到××目的而召开。

介绍参会人员：参加此次会议的有领导××，各单位××等。

> **案例**

在前文全县重点工程建设工作会议的实例中，我们主持词的头部，便可以简单叙述如下：今天，我们在这里召开全县重点工程建设工作会议。此次会议是学习贯彻某领导重要指示精神，落实

省委、省政府关于某战略的重要会议,目的是研究部署我县重点工程建设任务,加快推进我县有效投资增长。参加会议的有县委书记某同志,县四套班子主要领导、分管领导,县各有关单位主要负责人等。

这一段话依次点出了会议主题、会议背景、会议目的,最后再介绍了相关参会人员等。

需要注意的是,主持词的头部必须要把握好会议的"高度"。前文已经介绍过,会上"一把手"在最后的重要讲话中,都会站在一定的高度上,阐述此次会议的重要意义。比如,前例中关于会议的意义,就是学习贯彻某领导的指示精神,落实省委、省政府的某战略。这一点在"一把手"最后的重要讲话中体现,而主持词的头部也会涉及这个表述。两者应当相互呼应起来,而不能各讲各的,更不能相互矛盾冲突。

另外,如果在会议之前,有上级领导的重要批示或者指示精神,可以在主持词的头部进行宣读,或者将其作为第一项议程,由主持人宣读。

2. 中部

主持词的中部相对而言是最为简单的部分,只需要按照既定的会议方案,一项接着一项做好"报幕",便算是完成了任务。

首先,介绍会议的议程:今天会议一共有几项议程,首先怎么样,接着怎么样,最后怎么样。

然后,开始"报幕":下面,进行会议的第几项议程,请某单位某同志做什么。

最后,总结会议:同志们,今天会议的议程已经全部完成,某某单位某同志、某领导做了什么。

 案例

  在前文全县重点工程建设工作会议的实例中,我们主持词的中部,可以按照如下的样式进行"串场报幕"。

  今天会议的议程一共有三项,首先请县发改局汇报今年以来我县重点工程建设推进情况,之后请县经信局等五家单位做交流发言,最后请县委书记某同志做重要讲话。

  下面,先进行会议的第一项议程,请县发改局汇报重点工程建设推进情况。

  ……

  下面,进行会议的第二项议程,请有关单位交流发言。先请县经信局上台发言。

  ……

  请县住建局上台发言。

  ……

  请县农投公司上台发言。

  ……

  请县交通局上台发言。

  ……

  请县水利局上台发言。

  ……

  下面,进行会议的最后一项议程,请县委书记某同志做重要讲话,大家欢迎。

  ……

同志们,今天会议的议程已经全部进行完毕。刚才,县发改局就我县前阶段重点工程建设情况做了汇报,县经信局等五家单位做了交流发言,县委书记某同志做了重要讲话。特别是某书记的讲话,从贯彻某领导讲话精神,落实省委、省政府某战略,站在我县经济社会发展大局的角度,分析了推进重点工程建设的意义,并围绕项目谋划、招引和建设三个方面,部署了工作任务,提出了工作要求,对我们下一步工作的开展,具有重要的指导作用,请与会的各位同志,做好学习传达和贯彻执行。下面,就落实今天会议精神,我再强调几点意见。

以上内容,便组成了整个主持词的中部。大部分内容都是按照既定的会议方案进行,将方案上对会议议程的设计,转变为语言的推动。

值得注意的是,主持词中部的最后一段话,是整个会议的总结。这一段话既要对会议议程做好总结,还要对刚刚"一把手"的重要讲话做一个点评。这种点评,主要是有两个层面的含义。

第一个层面,是对"一把手"重要讲话的概括和精炼,肯定这份报告对整个会议,乃至对会议背后的具体工作具有正面的影响和作用。

第二个层面,则是作为一种"承上启下"的方式,引出主持词的尾部,也就是"我再强调几点意见"这一部分。

3. 尾部

在"承上启下"之后,我们终于到了最难的尾部了。在这一部分,我们需要给"二把手"或者"三把手"写出他们对下属单位提出的要求,准确表达出他们的观点。

第8章 常见公文类型分析之四
发言讲话

 这跟前一节的领导"总结式"讲话十分类似,都是"居高临下"地部署工作,很多方面都可以参照前文的介绍。

但是相比"一把手"的重要讲话,主持词的尾部没有太长的篇幅,因为这一块的时间安排相对较少。如果讲得太多,则容易"喧宾夺主",冲淡了原本重要讲话的各项工作部署。所以,把握好发言时间,控制好篇幅字数,是我们需要特别注意的因素。

同时,要把握好尾部的内容,还需要注意四个方面。

首先,在语言上应当直白。"一把手"的重要讲话可以夹叙夹议,或者说可以"先讲一通道理",那么主持词的尾部就必须要简洁直白,不需要阐述工作的重要性,也不需要做解释说明,只需要下命令即可。

其次,在部署上可以取舍。"一把手"的重要讲话对于工作任务是突出全面性,面面俱到,这也是其"高度"的体现。但是在主持词的尾部,则可以选择一部分比较要紧、比较重要的部分,做进一步的强调。

再次,在指令上尽量明确。"一把手"的重要讲话是提出任务,部署工作,调动各方面的资源力量,而主持词的尾部则是在其基础上,进一步明确任务的时间节点和具体标准,起到细化、深化、具体化的作用。

最后,在语气上注重强制。"一把手"的重要讲话虽然以命令为主,但也有一部分"论理"的内容,而主持词的尾部则有可能以更加强制性的语气,将"一把手"的命令再落实一遍,维护会议结果的权威性。

案例

在前文全县重点工程建设工作会议的实例中,我们主持词的尾部,可以考虑为县长提出几个方面的意见。

下面,就落实今天会议精神,我再强调几点意见:一是要加快机制建设。刚才,某书记在讲话中,强调要认真落实好××、××等工作机制,请对应的××、××、××等单位立即启动方案的谋划制定,于本周末前报县政府研究。二是组建招商队伍。请县招商局牵头,紧盯××、××、××等领域,组建专门的招商班组,以××、××、××等具有一定对接基础的投资方为重点,做到一月一会商、一月一报告,确保取得突破。三是强化要素保障。特别是财政部门要加紧拓展融资渠道,做好近期对接的××、××等银行,包装好某项目专项债,确保在10月前成功发债。四是强化考核督促。请县政府督查室牵头,会同县发改局一起,根据今天会议确定的时间要求,对每个重点项目倒排时间节点,定期通报进展情况,并向我和某书记报告。

作为撰稿人,我们必须对主持词尾部的撰写风格有准确把握,这也是确保主持词能让领导满意的前提。但是对于"二把手"本人而言,他们自己对于这项工作也有许多想说的话,也有自己的思路和想法。所以,他们可能会脱离我们所提供的稿件,按照自己的思路去阐述观点并布置任务,这在实践中也能取得很好的效果。

因此,我们也可以选择为领导提供一些提纲式的内容,为领导起到提醒的作用,具体内容就放心交给领导自由发挥。

第9章

常见公文类型分析之五
评论感想

评论感想类公文是最具个性的公文类型，写法上灵活自由而且丰富多变，在追求严谨的公文体系之中，可以算作"另类"。但灵活自由并不意味着我们可以随意发挥，在实务中仍然需要遵循一些逻辑规律，把握好一些注意事项，确保那些我们"想说的话"，能够以正确的方式表达出来。

另外，评论感想对"笔杆子"的理论水平、知识储备和宏观视野，都是一项综合性的考验。学得深、懂得多、看得远，才能有更精彩的评论和更真切的感想。

9.1 时事评论

时事评论看似十分简单，仅仅是我们对某一主题、某一现象或者某一观点发表个人的想法和见解，是一种主题广博、涉及面广，又可以融合个人思维特点的文体，在内容选择和表达方式上都相对自由。

但实际上，时事评论却又有其内在的行文规律和评价标准，限制了我们的"天马行空"。再加上绩效考核目标的导向，我们也必须在限定的框架范围内，针对特定时事主题，采用正确方式撰写好评论文章。近年来，时事评论的重要性愈加凸显，这类文体也从原来的"陌生"逐渐成为一项日常工作的载体。无论是培训指导，还是自发的经验总结，都有助于我们增加对这类文体的熟悉程度。

当然，也有很多人认为自己不擅长写这类评论文章，表示面对评论主题"一头雾水"的大有人在。究其原因，可能是无话可说，可能是不知道该怎么说，也可能是怕说不对或者说不准。总而言之，既有内容选择方面的迷茫和不足，也有表达方式方面的生疏和欠缺。

正如前文所述，关于时事评论的官方指导内容已经十分丰富，我们不再赘述，也不再重复前人的教学内容。

 人民网评论专栏的文章，便是此类文体的"登峰造极"之作，值得我们观摩和学习。

第9章 常见公文类型分析之五
评论感想

在这一节里,我们仅从实务总结的角度,就时事评论的主题方向、立场角度和技法选择方面,介绍一些经验。不敢说一定正确,但至少有多年的实践过程作为依据,应该具有一些参考或者借鉴价值。

时事评论可谓一门博大精深的学问,大部分人写评论文章都是出于投稿发表"上网站"的目的,但不同媒体对于时事评论文章的取舍录用标准也不尽相同。客观上,一篇评论文章能否被某个特定的目标网站录用,与新闻主题、投稿时间、编辑人员喜好等因素密切相关,没有必然"取胜"的指望或者说法。因此,本节所述内容,仅仅是过去一些经验的总结,不敢保证读者看了之后就能在网评投稿上"无往而不利",也不敢妄言是"攻略"或者"指南",只是希望帮助各位读者加深对评论文章这种特殊公文文体的理解和认识。

9.1.1 主题的大与小

时事评论的主题涵盖面广泛,可能涉及组织、人才、纪检、党建、维稳等各个不同的工作领域,同时也常见于铁路、能源、通信等专业系统。因此,其主体对各行各业都会有所触及。再加上时事评论的撰写频率较高,大部分单位都会按月撰写并汇总,进一步促使了时事评论文章的主题更加多样化,对我们的知识视野提出了更高要求。

各类主题虽然类型多样,但总体而言可以概括为"大"和"小"两种类型。

所谓"大",比如上级领导的某项重要讲话精神,比如刚刚制定出台的某一份重量级文件,比如某个特定行业领域的新兴热点问题等。这些是与我们日常生活体验相对较远,但在宏观层面又有关键影响的"大事件"。

所谓"小",比如某一件具体的事例案例,比如某位典型人物的先进事迹,比如社会上发生的一些代表性事件。这些是与我们日常生活体验相对较近,并且对微观具体工作事务有直接影响的"小事情"。

时事评论主题的"大大小小",都会出现在我们的任务清单中。可能上个月在宣传本系统的某项创新举措,这个月是讨论"国家民族千年大计",下个月就开始评价发生在身边的好人好事。因此,面对"大和小"的主题都能做到游刃有余,才能算得上是对时事评论文章"入了门"。

从写作角度看,主题的大小变化,影响的是我们对于时事评论文章的切入角度和叙事视角,也就是从什么样的角度出发,去看待这项主题。

如果是"大事件"主题,我们会偏向于宏观叙事的手法,从高起点和大角度去阐述主题的影响和意义,甚至可以结合时代演变,从古往今来的角度,去看看眼下这个时代的站位,从而多了一份历史的厚重感。

如果是"小事情"主题,我们会偏向于微观分析的手法,偏向于从小角度剖析这件事情的成因与作用,甚至可以多多阐述分析某件事情的现实困扰,从实际价值的角度,去评判事件背后的意义,从而多了一份现实的存在感。

我们可以简单进行对比:某省铁路系统于某月安排一项时事评论的撰写任务,主题是关于中欧铁路的开通运营。次月,又安排了另一项时事评论写作任务，主题是关于铁路技术岗位上某位先进人物的事迹。这两项网评主题便是"大事件"与"小事情"的代表，前者是行业内的热点大事件，后者则是普通的先进事迹。

对于前者，我们可以采取宏观叙事，从时间和空间两个角度去评价。时间的角度，可以结合中国铁路事业发展的艰辛历程，看待今天的卓越成果；空间的角度，可以从"一带一路"的角度，评析这件事的重大意义。但无论从哪个角度出发，我们都是站在更高的层面上，以一种"俯视众生"的姿态，将时间和空间相串联，从而凸显出这件事情的闪光点。

对于后者，我们可以"以小见大"，从这件具体的事件中评析这个人物的优秀品质在哪里，并从他身上反映出这个群体有什么样的特点。当然，我们也可以换个观察角度，先分析某个环节在现实中有什么问题，而这位先进人物具备什么样的精神品质或者个性特点，以及这种品质和特点对于我们解决现实中的问题有哪些意义等。这种评价方式，我们可以更多地站在"平视"的角度，评析问题，颂扬先进，引导后来人的前进方向。

当然，时事评论的主题"大与小"常见而多变，并不意味着它们有固定的套路或者写法。有些领导或者网站编辑，也喜欢另辟蹊径的观点。如果能够找寻出特殊的切入点，时事评论文章说不定会更容易出彩。因此，网评的灵活性，其实也体现在我们对于话题本身和评价导向的理解与把握。

比如，关于中欧铁路的时事评论，如果大家"一窝蜂"地从"一带一路"的角度去评论，而我们偏偏从高铁跨国协调机制建设的角度切入，那便意味着我们得到网站编辑青睐的概率更高。

9.1.2 立场的正与反

时事评论的角度,要随着不同主题的变化而变化。而时事评论的立场,则有确定的"正反"之分,需要我们在其中"二选一"。

事物都有矛盾,而矛盾必然有其正反两面。因此,我们时事评论的立场自然也存在着正反两面之分。近年来,随着时事评论"正能量"传播作用愈加凸显,评论主题所蕴含的正能量分量也愈加重要,持批判立场的评论主题数量变得相对较少。

但这并不意味着我们的立场就被限定在固定的角度,即使面对同样的主题或者话题,我们的评论角度仍然可以有正反之分,我们的立场也存在着正反两种选择。两种选择没有对错之分,但需要围绕主题进行。

比如,上级出台了某项关于党风纪律方面的文件,并以此作为时事评论的主题。如果从"正"的立场去分析,我们可以讲讲这个文件的重要意义,评析此类文件或者文件中的某项规定,进而展望该文件在未来会发挥什么样的正面作用和价值。如果从"反"的立场去分析,我们可以讲讲当前确实存在着某些问题,这些问题背后有什么原因,而这个文件的出台则针对这些问题,做了什么样的完善和改进,最后同样是对该文件的作用和价值做展望。

比如,上级刊发了某位先进人物的典型事迹,并以此作为网评主题。如果从"正"的立场去分析,我们可以赞扬这位先进人物所彰显的精神价值,然后归结为特定的人群应该如何向先进人物学习并寻找安身立命之所,最后再提出一些期望。如果从"反"的立场去分析,我们可以指出当前一部分人存在着某些问题和不足,强调他们应当多向这位先进人物看齐,从中汲取能量,改正缺点,实现自我的不断进步。

比如，上级实施了某项突破创新的经验举措，并以此作为网评主题。如果从"正"的立场去分析，我们可以为这项工作点赞，强调这项工作在当前的借鉴作用，以及在普及之后所蕴含的巨大推动力。如果从"反"的立场去分析，我们可以点出在这项举措实施之前，一些工作存在的固有顽疾，再反证该项举措在实施之后，可能取得的重大社会效益。

因此，正反立场并不妨碍正能量的提炼与宣传，只不过是同一主题下的不同议论出发点。如果一味从正面切入，很容易出现"千篇一律"的问题，写多了甚至感觉文笔枯燥、观点缺失、思维单调。

小贴士 需要注意的是，如果采用"反"的立场，则必须要把握好"尺度"的问题，也就是在叙述反面问题或者不足的时候，注意不能"夸大其词"。要根据客观情况，谨慎地使用好表述语言。比如，我们可以多多运用"少数""一些""小部分"等词语来描述负面状况，既讲清楚问题，又避免将这些问题"扩大化"，做到实事求是，从而使评论文章在整体上具备积极向上的引导作用。

9.1.3 文笔的冷与热

文笔的冷热之分，其实是评论本身的出发点和落脚点。

所谓"热"式，就是以较为高昂的心态，去肯定或者去批判某种现象事物，在观感上给人"热情洋溢"的感受。主要用于抒发因为评论主题而产生的怀念、赞扬、期待等心理感受,具有积极的一面。

所谓"冷"式,就是以较为冷静的心态,去分析问题的原因并提出相应对策,在观感上给人"客观冷峻"的感受。常见于剖析、批判、督促某种现象事务,具有理性的一面。

"冷热之分",虽然表面上是通过文笔来阐发,但实际上也是受评论主题内容的限定和制约。一些评论主题就比较适合用"热"式的文笔评论,而另外一些则截然相反,必须依赖"冷"式的文字表达。

比如,以某些重大节庆纪念日作为评论主题,就很难用"冷"的出发点去评析,而常常使用"热"的文笔来回顾历史、感念当前或者畅想未来等。但如果是一些活动动员、制度建立、方式创新等主题,则可以用"冷"的出发点,谈谈问题、说说原因、讲讲对策,使时事评论文章更具有深度价值。

当然,冷热出发点的选择,也取决于不同个体的能力、特长和习惯,特别是与其文字表达特点息息相关。有些人情感饱满,善于抒情,用词又相对华丽熟练,自然可以选择"热"式的文笔,将感情倾泻在文章之中,使评论文章具备了更强大的感染力。有些人知识广博、目光精到、逻辑缜密,则可以尝试着选择"冷"式的文笔,将见识体现在策略之中,使评论文章承担了"经世济民"的使命。

而在具体写作方法上,无论是冷热,其实都没有统一固定的方法,但是可以有一些常见的技巧,来提升"冷热"本身的"绝对值"。

如果是"热"的立场,最好的表达技巧就是排比句式。我们可以运用结构精致的排比句,达到气势如虹的效果,直接提升文章本身的华丽程度。

如果是"冷"的立场,最好的表达方法就是逻辑递进。我们可以由内到外、由大到小、由高到低,逐次逐层地分析问题原因,再

第 9 章　常见公文类型分析之五
评论感想

相对应地一一提出对策，提升文章对实践工作的指导价值。

学习写作时事评论，是一条漫长的探索道路，不但需要日积月累的锻炼和进步，还需要紧跟时代发展变化步伐，顺着时代发展变化的脉络前行，考验我们的语言天赋、文字经验和思想触觉。

 很多擅长写时事评论的"高手"，并不一定是单位里的"笔杆子"，也写不好其他常见的公文类型。这也是时事评论文章"特殊性"的表现之一。

同时，这也是一场没有捷径而充满困惑的苦行。我们常常会犹豫"画眉深浅入时无"，常常会遇到莫名其妙的挫折，常常会怀疑自己是否适合写这类材料。在此，希望各位读者都保持积极心态，不骄不躁，逐步提升。当我们面对任何话题都有话可说、都知道怎么说、更不怕说错的时候，那不仅仅意味着我们在时事评论文章的写作方面有了进步，更意味着我们对外界事物有了更强的情感共鸣和理性评判，这对我们漫长的人生也会大有裨益。

9.2　心得体会

心得体会是一种"非主流"的公文文体，它站在个人角度"说话发言"，是非常典型的"个性化"材料。

在实务中，我们的心得体会都是基于一些具体的个人经历，常见的有主题学习、岗位培训、拓展活动等，我们再结合个人的岗位职责，提炼出一些主观感受和想法，从而形成心得体会。

可能很多读者在学生时代就写过心得体会，但是，我们在职场上的心得体会，与在校期间是不一样的。虽然主观性都比较强，但职场上的这些心得体会，其实并不是为自己而准备的，更不可以随意发挥。

因为这类心得体会，不是写给自己的，而是写给单位的。

说得再直白一点，这些心得体会是写给领导看的，是我们在完成这些具体的个人经历之后，对上级做的一种表态。

既然是对上级的表态，那么我们的心得体会文稿必然包含这几个部分：

我对这次经历的态度—我在这次经历中得到了什么样的收获—我今后准备怎么干。

而这些部分总结起来的整体逻辑关系便是：

感谢单位组织了这次活动—我认真参加了活动并有了很多收获—今后我会好好干以报效单位。

由此可见，心得体会可能有许多种不同的写法，框架也会根据上级不同的要求而显得多变不一，但其内核是始终不变的，也就是上面这层逻辑关系是"万变不离其宗"的。

这也决定了我们在具体写作方法上有相应的规律可循。

9.2.1　开头难，就多多感谢单位

很多人感慨，写心得体会给人的感觉就是"万事开头难"，特别是心中确实没有什么感受可说的，就会遇到迟迟无法"敲"出第一句话的问题。

但实际上，心得体会的开头，对应的是我们逻辑关系中的第一层意思："感谢单位组织了这次活动。"因此，我们多写几句感谢单位的话，可以帮助自己更快地"进入状态"。

在"致谢"环节浪费笔墨的前提是我们有足够的篇幅空间,没有严格的字数限制,确保不会因为"致谢"太多而导致字数超限。

致谢主要有两层含义。

第一层含义,是感谢单位的安排。比如,单位安排我们参加业务学习的,就可以感谢组织的重视,让我们有机会实现自我提升;单位举办集体活动的,就可以感谢组织的关爱,让我们可以暂时放松身心;单位派遣我们参加集中培训的,就可以感谢组织的信任,让我们可以拓展眼界。

在写法上,这些含义应该怎样清楚表达,可能还需要我们结合具体的主题和情境来确定。

开头的致谢部分,在有些单位可以一笔带过,在有些单位则需要特别提及并大有讲究。我们在撰写的时候具体该如何做,还需要根据自己所在单位的文化氛围来判断。

第二层含义,是感谢组织者的付出。比如,参加党校培训的,可以感谢党校组织者的周到安排;参加行业交流的,可以感谢主管部门的精心部署;参加拓展活动的,可以感谢管理团队的专业高效。这些感谢词是否有必要,可以根据心得体会的具体使用情境来确定。一般来说,被致谢者在与心得体会文稿本身有较密切接触的场合下,最好还是要好好地做个"致谢",以显现出更加礼貌的姿态。

案例

各地中青班培训一般都在当地党校举办,最后往往要设置心得体会分享交流环节,党校的班主任老师也会旁听。我们在上台谈心得体会的时候,先感谢一下党校作为组织者的精心安排和周到服务,便显得更有必要性。

实质上,致谢部分在文稿中可能并没有什么含金量,对文稿的总体水平也没有太大的影响,但这一部分可以解决"万事开头难"的问题,使我们可以在没想好具体内容的情况下,先"敲"出一段话来,再逐步回忆起这一段经历,为文稿的撰写奠定基础。

以一则具体实例作说明。

某干部参加了县委组织部举办的专业培训班,结束时要求撰写心得体会,并在结业仪式上做交流发言。

如果一下子无法总结出培训班的想法和感触,便可以通过"致谢"的方式,组织好文章的开篇部分,作为"缓兵之计",再过渡到其他部分。

其"致谢"部分可以安排如下:

某年某月至某年某月,我参加了以××为主题的专业培训班。非常感谢县委组织部对我多年工作的认可,给了我参加这次培训的机会。同时,也感谢××大学××学院老师的辛勤授课,帮助我拓展了思维、开拓了视野、完善了知识结构。下面,我将个人心得体会汇报如下:

上述实例便是通过致谢词,将文稿引入正文部分。同时,考虑到该心得体会是以口头交流的形式予以表达,致谢词也顺便"照顾"到了在场的领导和老师,使文稿更加得体。

9.2.2 总结难，就多多介绍工作

"致谢词"可以让我们完成开头部分，但心得体会却绝不能仅仅是致谢，对经历收获或者感触的总结，仍然是必不可少的部分。这部分对应的是我们逻辑关系中的第二层意思："我认真参加了活动并有了很多收获。"

很多人对此头疼不已，不知道如何入手。

这个问题的背后：一部分是因为学到的东西比较多且复杂，难以说清楚；另一部分是因为不清楚总结的套路，有话也不知道该怎么表达；还有一部分是根本没有认真参加学习培训或者其他活动，不了解到底经历了些什么。

在这种情形下，尽量结合岗位工作情况做有感而发，不会有错。

因为我们可能不知道如何表达感悟到的东西，可能不知道表达心得体会的套路，甚至可能不知道经历了什么，但我们肯定知道自己的岗位是做什么的，对日常工作事务总有几句话可以介绍，甚至也可以花一番心思，做系统性的归纳和概括。

这些可以说说的内容，便成为我们摆脱困境的方法。不管我们对于学习培训或者其他活动有没有留下印象或者想法，只要"搬出"岗位工作内容来，便可以多多少少总结出一些值得一谈的内容。

我们用以下实例作介绍。

某同志任职某国企电力维修岗位，近日参加了单位组织的设备安全维护培训班，并在培训结束之时要提交一份心得体会。

我们先假设第一种情形：

该同志认真参加了培训班，发现培训内容涉及安全维护岗位的方方面面，十分复杂，不知道该如何归纳。

应对这种情形,我们可以直接根据岗位特点,按照我们自己对岗位的系统性认识,将"我在培训中感悟到什么"这个问题,直接转化为"培训中有哪些内容与我日常的感触吻合"。

两个问题相比,肯定后者比前者更容易回答。

该同志总结了自己的工作经历,认为做好设备安全维护,主要是思想上要重视、专业上要精通、操作上要规范,同时也要注重细节。于是,他按照自己对岗位工作的理解,将培训内容做了划分,并形成了如下心得体会。

下面,我将个人心得体会汇报如下。

一、思想重视是前提

在此次培训活动中,某老师的某课程、某老师的某课程、某老师的某课程,都反复强调要在思想上重视,切实将运维管理放在重要位置上。

通过学习,我进一步树立了正确的思想认识。(略)

二、专业精通是基础

在此次培训活动中,××、××、××等老师分别就××、××等方面的技术做了深入浅出的讲解,也充分介绍了前沿动态。

通过学习,我进一步掌握了设备安全维护的专业知识。(略)

三、操作规范是保障

在此次培训活动中,某老师的某课程给我留下了深刻印象,特别是老师对各项操作业务的规范化要求,给了我许多启发。

通过学习,我进一步加深了对操作规程方法的理解和认识。(略)

四、做好细节是关键

在此次培训活动中,我们经常听到各位老师对细节管理的强调和重视,从不同角度指出细节是设备维护管理的关键。

第9章 常见公文类型分析之五
评论感想

通过学习，我进一步加强了细节管控意识。（略）

上述实例，看上去是先有学习再有心得，但实质上是先有心得认识，再回过头去整合培训内容。也就是说，我们先对日常工作有了一些想法，然后将培训内容条目式地加以整合，从而解决了培训内容太多而无法形成系统总结的问题，使整个文章结构更加井井有条。

我们再假设第二种情形：

该同志认真参加了培训班，但学到的内容较为零散。同时，该同志对安全维护岗位也没有系统性的认识，无法形成像前文这样的框架。

应对这种情形，我们的思路便是"退而求其次"，既然不能成系统，那便提炼出关键和重点，也可以搭建整篇文章的框架。也就是说，将"我在培训中感悟到什么"这个问题，直接转化为"培训中有哪些内容让我特别注意"。

这位同志回顾自己过去几年在运维管理上的经验，虽然没有系统性总结，但认为做好定期电压检测、配件集中管理、运维日志记录这三个环节相对比较重要一些。于是，他便形成了如下心得体会。

下面，我将个人心得体会汇报如下。

一、在电压检测上有新收获

电压检测是了解设备运转情况，确保设备正常工作，及时预防故障发生的关键环节。

在培训活动中，我认真学习了某老师关于电压检测的方法，掌握了老师传授的经验和技巧，深化了对电压检测工作的理解认识。特别是在××、××等环节上，我也了解到新的方法。（略）

二、在配件管理上有新思考

有序的配件集中管理是提高运维效率的关键，也是设备日常管理的重点内容之一。

在此次培训之中，我认真学习了某老师关于配件管理方面的做法，结合单位设备配件管理实际情况，也做了一些思考，并对自己平时工作中的不足进行了反思。（略）

三、在日志记录上有新启发

做好设备维护工作的日志记录，是掌握设备运行规律、明确运维责任落实、发现潜在隐患的有效手段。

在此次培训之中，我认真学习了某课程中关于运维日志记录的内容，对如何更好地记录日常运维工作状况并加以如实展现，有了一些新的启发。（略）

上文实例，是在无法"形成面"的前提下，抓住其中一部分"点"，从而使得心得体会显现出个体特点。同时，这类心得体会也体现出了自己对岗位有所思考，知道重点、难点和亮点应当在哪里，说明了自己是带着问题参加学习培训，从而更直观地展现出了自己的收获。

我们再假设第三种情形：

该同志因为各种原因，并没有参加培训，或者说没有认真学习，自然也没有学到什么东西。同时，该同志对安全维护岗位工作也没有什么感触，得过且过。

应对这种情形，我们在无奈之余，也只能在原先"退而求其次"的基础上"再退一步"，将"我"这个主体抽离出来，以培训内容为主线，着重说明这些内容的重要性和意义。

因为这个"我"根本就没参加培训，所以可以抽离出来，作为局外者。而培训内容可以从课件、课程表或者同事们的介绍中获悉。

第9章 常见公文类型分析之五
评论感想

通过这种方法，我们准备好了第三篇心得体会。

这位同志拿到了培训资料和课件，发现在培训中关于操作规范流程、电力维护技术、运维责任机制建设等课程所占的时间比较多，看上去也比较"重要"。于是，他便完成了以下心得体会。

下面，我将个人心得体会汇报如下。

一、对操作规范流程更加熟悉

此次培训活动中，某老师针对操作规范流程做了讲解，对于我们日常工作的开展有较大的帮助作用，也让我对流程规范体系更加熟悉。

在工作中，注重操作流程的规范性，具有重要意义。（略）

二、对电力维护技术更加熟练

此次培训活动中，某老师分析了电力维护技术中的重点，也介绍了一些窍门，让我获益匪浅，对今后涉及电力设备方面的维护技术改进有很大帮助。

在工作中，提高电力维护的效率，具有重要意义。（略）

三、对运维责任机制更加熟知

此次培训活动中，某老师阐述了运维责任机制的建设与分解，让我更加明白自己所承担的责任，对今后如何正确对待自己的岗位职责有了新的启发。

在工作中，明确运维责任机制，具有重要意义。（略）

其实，上述三种情形下写出的心得体会，可以明显看出其"优劣之分"，但这种"优劣之分"并不是因为我们写作的手法和技巧，而是我们对待本职工作的态度。认真参加活动并且对工作有认真思考的人，参加活动并对工作有一些观点和感触的人，不认真对待活动并且对工作得过且过的人，他们写出来的稿件，在质量上会有明显差异，这绝不是靠文笔所能弥补的。

无论如何，我们都应当有努力工作、认真思考、全情投入的态度，不能指望用文字的"魔力"来掩饰或填补懒惰与勤奋之间的"鸿沟"。

9.2.3 表态难，就多谈未来理想

一般情况下，上面的"套路"基本适用于大部分的心得体会材料。也就是说，无论有没有认真参加培训，无论有没有仔细思考岗位工作，无论有没有相应的表达能力，只要沿循上文的"套路"，也可以完成属于自己的心得体会。

但是在有些时候，我们除了上文提到的内容之外，还需要增加一些板块，才能使逻辑更加完整。比如，有些单位的心得体会，除了学到什么之外，还需要我们继续谈谈下一步该做什么。我们参加了学习，接受了培训，与团队一起完成了拓展活动，这些经历让我们收获了许多。那今后，我们该如何好好工作以回报单位呢？

这部分对应的是我们逻辑关系中的第三层意思："我今后准备怎么干。"

对此，我们需要延伸到心得体会的下一个环节，即完成这些活动后的表态。这一块内容并不难，有点类似于工作计划。但如果说工作计划是相对务实的，而且需要去完成的，那么心得体会中的表态部分，则可以用"应然性"的东西，或者说是相对较"虚"的内容，甚至可以"谈人生、谈理想、谈未来"，在内容选择和表达方式上更加灵活自由一些。

第9章 常见公文类型分析之五
评论感想

> **小贴士** 制订了工作计划，就要认真去完成。然而大部分的感想表态，都会随风而逝。

所谓"应然性"的东西，也就是我们理应做到什么样，而不是"现在怎么样"，甚至也不是"下一步怎么样"，而是"应当怎么样"。

在谋篇布局方面，表态最好与前一部分做到一一对应。比如前文谈到自己学到什么了，悟到什么了，领会什么了，那么这里就应当将内容做到对应。

我们继续用上文的实例来讲解。

第一篇心得体会分成了四大部分：思想重视是前提、专业精通是基础、操作规范是保障、做好细节是关键。那么在表态部分，针对上述四部分内容，可以形成如下表述。

在培训结束后，我将在工作中充分运用培训成果，学以致用，做到"四个加强"。

一是加强自我教育，端正岗位思想认识。

（略）

二是加强钻研学习，丰富专业知识体系。

（略）

三是加强规范意识，严格执行标准流程。

（略）

四是加强细节管理，提高运维精细水平。

（略）

第二篇心得体会涉及三点：在电压检测上有新收获、在配件管理上有新思考、在日志记录上有新启发。那么在表态部分，针对上述三点，可以形成如下表述。

在培训结束后，我将在工作中充分运用培训成果，学以致用，做到"三个完善"。

一是完善电压检测的模式。

（略）

二是完善配件管理的体系。

（略）

三是完善日志记录的流程。

（略）

第三篇心得体会涉及三点：对操作规范流程更加熟悉、对电力维护技术更加熟练、对运维责任体制更加熟知。那么在表态部分，针对上述三点，可以形成如下表述。

在培训结束后，我将在工作中充分运用培训成果，学以致用，做到"三个提升"。

一是提升操作规范能力。

（略）

二是提升电力运维效率。

（略）

三是提升责任落实意识。

（略）

上述三篇心得体会的框架虽然看上去不同，但本质上都是对应上一板块的内容，对未来的理想化设计。实际上，对于电压检测模式下一步如何完善、对于运维精细化如何做到、对于思想认识如何评价、对于日志记录如何详细化，都是具有一定主动性的说法。在实践中，我们就算在心得体会中写到了这些，也并不是说必须要做到什么样的程度。但是在文稿中，我们可以将这些"应然性"的内容充分表达出来，这正是"感想表态"比"工作计划"更加灵活自由的表现。

9.3 读后感

读后感,是我们在学生时代就接触过的文体,在参加工作之前恐怕也写过不少。但是走上工作岗位之后,再去写这类文章,又会有一种陌生且无从下笔的困境。特别是在体制内,我们无论是因为个人成长的需要,还是集体学习活动的安排,都有可能去撰写读后感或者观后感。这类观读后感与学生时代的要求,其实已经有了比较大的区别。

在各类主题教育活动之中,我们所撰写的读书心得交流等材料,实质上也是一种特定主题的读后感。

读后感实际上也是心得体会的一种细分类型,如果直接参照心得体会模式来写,亦无不可。但是相比而言,读后感与心得体会也有一些细微的区别和不同。

心得体会,主要是基于一场集体性的活动。这类活动无论学习培训也好,还是团队拓展也好,都是一系列个体经历的整合,要求我们谈谈个人在集体活动中的感悟。

读后感,却是基于特定的信息载体。无论是一本书,还是一部电影,都更加具象化,而且常常是以自学等个人活动方式进行,是总结个人在个人活动中的感悟。

因此,读后感的逻辑关系,便与心得体会有了略微的差异。其逻辑包括三个步骤:

学的是什么?

学到了什么?

学了后怎么干?

9.3.1　学的是什么

读后感离不开学习的对象内容,更离不开对象内容所表达的思想主题和精神含义。

但是很多人对读后感的理解有偏差,常常拘泥于这本书或者这部电影的表象,大谈特谈某件事情是多么令人感怀、某个人物是多么令人钦佩、某项成就是多么令人自豪,这便导致读后感"写偏"了,成为一种浮于表面的感慨。

因为我们学的,不是这个具体的人与事,而是人与事背后的思想和精神。我们要抒发的情感,是对这种思想和精神的感悟,而不是对具体某个人或者某件事的观点和想法,这也是读后感的"奥妙"所在。

比如,单位组织观看某位先进人物的宣传视频,并要求撰写观后感。我们学的不是那位人物的先进事迹,而是先进事迹背后的精神。这种精神可能是奉献精神、创新精神、团队精神,需要我们根据具体情况分析。我们的感想也是从这类精神价值出发,而并非是具体的这位人物。

同理,单位要求我们学习某本理论著作,并撰写一份读后感。我们学的不是这本书本身的文字,也不是这本书介绍的某件事情,而是这本书所蕴含的理论方针,以及这种理论方针对我们本职工作产生的指导、推动和启发等作用。我们的感想也是针对这种理论方针,而并非书籍本身。

所以,在动笔写这类文章之前,我们就应当先有清醒的认识,这学习载体背后到底是一种什么样的精神价值和理论方针,解决了这个问题之后,才能确保写作内容是正确的,避免将文稿"写偏"。

第 9 章 常见公文类型分析之五
评论感想

学习培训或者团队拓展等,都有比较直接的内容指向性,学的是什么、训的是什么、练的是什么,十分明确,写心得体会也可以直奔主题而去。但是相比而言,书籍、文章、视频、电影的主题思想就没有那么"明晃晃"地展示在外,学习它们的目的和意义也需要我们做一次深入剖析。这也是观读后感区别于心得体会的关键之一。

我们可以设想这样的情景案例:

某同志任职于社区服务窗口,负责为社区居民办理一些政务服务事项。某日,社区组织集体学习活动,观看某位优秀党员的事迹纪录片。纪录片一一介绍了这位党员的事迹,其中主要情节包括放弃大城市而选择在家乡脱贫攻坚、带领群众走出产业脱贫新路子、为救灾事业牺牲自我等。观看完毕后,要求撰写一篇观后感。

这篇观后感虽然是围绕某位具体人物,但我们学的是这位人物身上的精神,所以首先要分析是什么精神。我们不能停留在具体情节上"就事论事",更不能将观后感写成影评。对此,我们可以从上述三个方面的主要事迹中提炼出精神价值,然后再一一对应起来,进而形成以下的框架。

(一)学习某同志,就是要学习他乐于扎根基层的精神品质

某同志放弃了大城市,而选择在家乡脱贫攻坚,彰显了他乐于扎根基层的精神品质。(略)

(二)学习某同志,就是要学习他敢于担当进取的精神品质

某同志在家乡任职期间,带领群众走出产业脱贫新路子,彰显了他敢于担当进取的精神品质。(略)

（三）学习某同志，就是要学习他甘于自我奉献的精神品质

某同志在抗击某自然灾害中，面对某险峻任务挺身而出，最终牺牲了自我，彰显了他甘于自我奉献的精神品质。（略）

乐于扎根基层、敢于担当进取、甘于自我奉献这三项精神品质，是根据纪录片中的主要情节提炼出来的。一件具体事件，可以提炼出若干种品质，而我们可以根据文稿谋篇布局的需要，有所侧重地做出选择。多件具体事件的集合，我们就可以从多角度切入，强调自己全面学习这位模范人物。

当然，我们也可以集中于某一点，强调自己主要学习某些特定的方面，将这个方面写得更加深入，也不失为一种好的选择。

但无论如何，从具体的人或者事中，先剖析提炼出精神内核，这是前提和关键。只有准确把握住了精神内核，才能做到不写偏。

9.3.2 学到了什么

剖析提炼出精神内核之后，我们不能仅仅是歌颂这种精神，更需要将这种精神落实于本职工作之中，以工作表现来衬托学习效果。因此，我们在撰写读后感的时候，时刻不能忘掉自己的"本分"。只有结合了本职工作，才算是学到了东西，才算是有了收获，才算是得到了进步。

这也是区别于学生时代观读后感的关键因素，我们不能再"率性"而写，随心所欲，而是要紧密结合自己的本职工作，从工作出发谈感想，将感想落实到工作之中。

继续以上文的实例作说明。

这位以服务社区居民为本职工作的同志,从先进人物的视频中提炼出了一些精神内核,但他要将这些精神内核与本职工作融合起来,才算是有所收获。

学习乐于扎根基层,不是描述先进人物的经历,而是要结合社区基层工作,论述我将如何扎根于此,并为社区居民做出什么样的贡献。

学习敢于担当进取,不是介绍先进人物的创新成就,而是要结合社区窗口岗位,讲述自己在日常窗口服务中将如何优化方法、创新流程,为社区居民提供更加高效的服务体验。

学习甘于自我奉献,不是感怀先进人物的抉择,而是要结合自身情况,表达在社区窗口岗位上的奉献意识,决心为社区居民奉献自己的青春和智慧。

由此可见,学到了什么,最终归于"我"身上,而不是原先我们所学习的客观事物。先进人物的伟大经历,我们"读"了也好,"观"了也好,不但需要剖析提炼出精神内核,而且这些精神内核同时还要归结到自己身上,才能形成完整的逻辑链条。

这种思维方式基本上适用于各类读后感。特别是在各类主题教育活动之中,各级领导干部经常要学习某个主题内容,并撰写交流研讨发言材料。这类材料其实是读后感的口语化表达,在行文结构上,也可以运用这种思维模式。

当然,要写好读后感,一方面要准确剖析提炼精神内核,另一方面也要正确对待自己的岗位工作。将两者结合起来,才能真正写好读后感这篇文章。因此,我们在写作这件事之外,仍然需要多多学习,坚持思考,让文稿内容丰富起来。

9.3.3 学了之后怎么干

剖析提炼了精神内核，也与自己的岗位工作做了关联，那么剩下的便是学了之后应该怎么做的问题。这其实也就是心得体会中的表态环节，说明自己下一步的决心，从而证明学习是有效果的。

同样的，读后感中的"学了之后怎么干"，在格局上与心得体会中的"表态"环节一样，最好与前文的内容是一一对应的。

延续前文的实例。

这位在社区服务窗口工作的同志，在表达完自己所学到的精神内核之后，开始进入"学了之后怎么干"的环节。对应前文所提炼的精神内核，以及结合社区窗口岗位的特点，文稿中的表态环节可以分为几个部分。

一是扎根基层，以更扎实的态度履职尽责。

学习××的精神，我将在今后的工作中，立足于平凡的本职工作岗位，脚踏实地、尽责敬业，不断磨炼工作能力，提升服务效能。（略）

二是创新进取，以更高效的方法完成任务。

学习××的精神，我将在今后的工作中，充分发扬担当进取的精神，在服务好群众并完成领导交代任务的同时，积极思考和探索工作创新路径，不断拓展工作局面。（略）

三是积极有为，以更坚定的姿态奉献青春。

学习××的精神，我将在今后的工作中，不断激励自我，倾情投入，奉献自己的青春和智慧，在岗位中不断做出自己的贡献。（略）

上述表态部分，同样是按照三个方面的精神内涵，做出对应的表达。

第 9 章 常见公文类型分析之五
评论感想

到了这个环节，文章的逻辑关系已经完成，读后感的大致脉络也已经清晰展现。我们再做一次总结梳理。

（一）某同志的先进事迹，可以归纳为三种情节

（1）放弃大城市而选择在家乡脱贫攻坚；（2）带领群众走出产业脱贫新路子；（3）为救灾事业牺牲自我。

（二）上述的三种情节，可以提炼出三种精神

（1）乐于扎根基层；（2）敢于担当进取；（3）甘于自我奉献。

（三）三种精神结合"我"的岗位实际，可以做出三项表态

（1）我要扎根基层，以更扎实的态度履职尽责；（2）我要创新进取，以更高效的方法完成任务；（3）我要积极向上，以更坚定的姿态奉献青春。

在实务中，其实也并没有如此严格的要求。实际上我们可能只需要谈其中的一点，也可以相对灵活自由地搭建框架。但总的逻辑思考模式，不会有根本性的改变。

 如果是领导干部的读后感，表态环节可以站在更高的角度，从"我要怎么样"的姿态转变为"我将领导大家怎么样"，成为一种思想上的指导和部署，则更贴近领导干部的身份。

当然，读后感的种类繁多，内容丰富，写法也是多样的。本节以介绍逻辑关系为主，方便我们根据不同的观读对象，结合不同的岗位工作，阐述不同的个人感想。同时，这也是一种方法和工具，帮助我们在面对复杂的感想撰写任务中，以正确的模式和从容的姿态，表达出自己的思考和体会，做到"以不变应万变"。

第10章

公文写作人员的素质培养

　　本书前面部分的章节，主要是围绕公文写作的话题，阐述我们应该"如何做事"。本章作为最后一章，将我们的眼光从"低头做事"转移到"抬头看人"，讨论如何做一名合格乃至优秀的"笔杆子"，讲讲"如何做人"的问题。

　　但本书绝不推荐任何厚黑学意义上的为人处世之道，只是介绍一些经验和技巧。无论体制内外，一名"笔杆子"要取得成功，只有认认真真做事、踏踏实实做人，别无他途。

　　另外，本章虚构了小王、老丁和阿兵三名"笔杆子"人物，旨在方便阅读和理解。人物虽然虚构，但所涉及的事例却真切实在，希望能对各位读者有所启发。

10.1 善于处理精神压力

不可否认的是,执笔写材料是一项枯燥而又备感压力的任务。如果是日复一日地埋首于堆积如山的案牍文书之中,更会造成工作压力的累积,形成对心理和身体的双重折磨。虽然有些人可能会从中寻得乐趣,学会"苦中作乐",将写材料的日子过成充满激情与挑战的燃情岁月,但是对大部分人而言,在这一岗位上仍然会感受到压力。

善于处理这种心理压力,是我们职业生涯走得久、走得稳、走得远的关键。

10.1.1 压力山大:领导要求、自我怀疑、身心疲劳

每个人对于压力的认识和体会各不相同,但作为"笔杆子"却有一些共性的感受。在我们看来,压力主要来源于三个方面。

1. 压力来自领导要求

部分领导工作态度认真细致,对文字材料要求较高,对稿件"不满意"是常态。特别是一些领导,对文中的字词用语甚至标点符号都多番推敲,一旦不合心意,重则严厉批评,轻则修改不止。刚刚走上文字岗位的年轻人,常常会因为领导的高要求而产生畏难情绪,在写材料过程中备感煎熬。

案例

小王参加工作不久,就被领导安排到办公室,负责撰写文字材料。他的分管领导存在完美主义倾向,经常为了"加快项目建设进度"是否应该改成"加大项目推进力度"之类的问题而长时间推敲纠结。小王也不得不陪着加班加点,还常常因为用词不严谨而被批评,内心备受煎熬。

2. 压力来自自我怀疑

在进入体制之前,许多年轻人都很少接触党政公文,内心有抵触情绪。进入体制之后,一天到晚埋首于案牍文书,也与我们进入体制的初衷和抱负有所错位,使其容易对自身的价值产生怀疑。

近年来,随着内容相对务虚的党务材料日趋增多,越来越多的"笔杆子"忙碌于名目繁多而充满形式主义色彩的稿件之中,内心更添了迷茫,常常认为自身的价值得不到体现。

3. 压力来自身心疲劳

随着党政机关工作效率的提升,文书材料的时限要求也更加严格。加班加点赶材料、出文件、做台账,已经是单位工作的常态。同时,作为一名"笔杆子",大部分工作便是打电话、敲键盘、订书钉,困守在几平方的办公室里,单调沉闷,加快了压力的累积。

案例

老丁是某街道办事处党政办副主任。在街道里,能写的人极少,老丁是唯一可以撰写综合材料的人。每年年底的时候,老丁便不得不连轴转,频繁应付上级单位的视察、调研和考核,成为"不回家的人"。2017年年底,在连续奋战两个月后,他承受不住压力,向领导要求调离党政办岗位。

10.1.2 抗压心理:淡定豁达、重在长远、善使巧劲

每个人的理想、性格、能力、机遇都不一样,对压力的认识和判断也不相同,培养抗压心理的方法与经验自然也会有所差异。以下的观念和方法,仅是一家之谈,供参考。

1. 心态上要淡定与豁达

文字工作本来就要求比较细致,很多年轻的"笔杆子"都怕出错,总是纠结于文稿的质量。一些复杂的稿件上万字数,随时可能冒出来的语病、错别字、标点符号误用,折磨着他们的心智,给他们造成了巨大的心理压力。培养豁达淡定的心态,是卸下此类压力的关键。

我们首先要认识到,在绝大多数场合下,文稿无论写得好还是不好,都不会有人关注。第二天,甚至是在某次会议或者某次活动结束之后,便成为"过眼云烟"。文稿中的错误、缺漏、遗憾,也都随之消失在文山会海之中。

同时,文字材料中的问题和失误,一般情况下不会造成太大的不良后果。可能某项事务会因为我们的错误,而被拖延;可能某项工作会因为我们的失误,无法得到预期的效果;可能某场活动会因

为我们的疏忽，出现了一些混乱；也可能是某位领导会因为我们的遗漏，在一些会议场合闹了笑话。但是相比体制内的其他工作而言，可以说文字材料的错误，后果是相对比较轻微的。

试想，会计出纳人员少算了一笔账目，将造成什么样的损失？行政执法人员漏掉了一道法律程序，会面临什么样的后果？审批窗口人员误判了一项许可申请，又该承担什么样的责任？与这些容易触发追责机制的情形相比，我们是否应该庆幸，自己所从事的是一份并不需要"背大锅"的工作呢？

因此，我们在战略上大可以轻松面对，不让自己背负太多不必要的压力。

2. 目光上要长远与自信

对未来的追求与希冀，可以在一定程度上消减当前的痛苦与迷茫，缓解压力。许多年轻人认为写材料很痛苦，也缺少乐趣，但这种想法往往只是考虑了当下，却没有想到更远的将来。对许多人而言，眼下写材料的痛苦，换来的是更多元化的收益，由此便有了坚持下去的动力。

写材料可以提升个人内力，锻炼个人逻辑思维能力和表达能力，可以让我们在思考事情、分析问题和表达意见时显得更加清晰而有条理。在体制内，能想、能说、能写，便意味着具备了较强的个人能力，更加容易脱颖而出。

案例

阿兵文笔好，是某市属单位里的"大秘"。由于缺少人脉资源，他的"进步速度"还是偏慢。2018年，单位承担了市里某项重点工作的牵头职责，阿兵完美地完成了总结汇报、工作方案、市长讲话稿等重要材料,从而被市府办看中,成为一位副市长的秘书,职业前景焕然一新。

写材料可以拓展交流的范围。本书前文也曾多次提及,写材料并非"闭门造车",需要与各个方面的沟通交流,不但容易融入内部团队之中,而且还可以与兄弟单位形成良好的合作关系。特别是刚刚加入单位的新人,借助写材料的任务,可以快速了解到单位工作状况和运行规则,从而融入团队。同时,随着时间的推移,写材料还会为你积累更多的资源,使自己在体制内有了更加丰富的安身立命之选。

写材料可以巩固成长的下限。在单位中,善于写材料的人一般有较为稳定的成长下限,即使无法走上领导岗位,至少也会较为顺利地成为单位里的中层。而在一些基层单位之中,能写的人十分稀少,具备写材料潜力的人也不多,领导经常面临无人可用的烦恼。会写材料的人更能得到领导的重视和培养,为职业生涯的起步开好头。

如果因为写材料的能力而被两办、组织部等重要单位所发现并被抽调,可以直接改变仕途生涯。写材料是缺少政治资源的"寒门子弟"最好的敲门砖。所以,是否觉得这份工作也不太苦呢?

3. 方法上要聪明与巧妙

在本书前面章节,已经为各位读者介绍了公文撰写的一些方法和技巧。在这里,主要是介绍一些相对"投机取巧"的手段,来帮助化解写材料所带来的工作压力。

善于一稿多用。一篇公文材料，可以应用于多种场合，所需要做的只是对原稿进行一些简单的修改和润色。在面临繁杂工作的时候，善于整合运用现成的资料或者底稿，将极大提升工作效率，从而更加自如地应付不同的场合。比如，单位的工作总结，可以稍作修改，作为单位"一把手"的述职报告；单位党风廉政工作的材料，能够用于分管党建领导的个人总结；业务层面的分析汇报，则可以作为相关课题调研的主体内容。当然，我们仍然要注意对文稿进行角度、高度和深度等方面的修改润色，而不能直接复制粘贴。但一稿多用的方法仍然可以提升我们的效率，帮助我们在短时间内应付掉大量的材料任务。

善于组建套路。材料写得多了，我们便可以整理过去的文稿，形成属于自己的风格和套路。随着时间的推移和经验的积累，各类型的稿件便开始增多，从中整理出套路也有了可能。年度总结写多了，大概框架便可以保留，在内容上穿插新的工作进度即可。自查剖析写多了，内容表述便可以保留下来，在框架上按照新的要求进行调整即可。心得感想写多了，观点想法便可以保留，在表述上使用不同语言即可。这些套路化的方法，可以有效应对各类不重要的材料起草任务。

善于使用工具。容易出现错别字的，可以多多使用 Word 自带的文字纠错功能，注意检查自动画线的地方，有效排除错字的出现。需要套取上级文件的，可以使用 PDF 转 Word 或者识图认字的软件，以提高文字处理的效率。更重要的是，要学会向搜索引擎寻找答案。凑不出工整标题的时候、补充一些不重要内容的时候、需要借鉴其他地方做法经验的时候，都可以通过百度，找出我们需要的答案。

> **案例**

小王写的材料，经常会出现一些低级的打字错误。特别是领导要求急的时候，他更容易手忙脚乱，再加上事后又没有时间梳理，错误频出。笔者发现，他写材料使用的是 QQ 拼音输入法，在快速输入的时候，容易出现"连词"的错误。比如，"征求相关部门意见"经常会打成"征求相关部门部门意见"，一个"部门"出现两次。这类错误其实完全可以借助 Word 的纠错功能发现。在笔者的建议下，小王打字错误现象大为减少。

10.2 不断拓展知识视野

要保证材料的质量，必须对所涉及领域的专业知识有一定了解，做到术业有专攻。但专精于一个领域的同时，"笔杆子"相比于其他人，还应当有更加开阔的知识视野，触类旁通，举一反三，才能应付多种不同的情形。一名"王牌笔杆子"更是应当对各个领域做到"略懂"，就算达不到上知天文、下知地理的程度，至少对各个不同的话题都能拿得起、讲得出、写得好。

10.2.1 知识就是力量："笔杆子"不是"书呆子"

作为一名经常要写材料的人，是否具备宽广的眼界，决定其能否游刃有余地面对不同的任务。写材料的岗位赋予了我们良好的成长平台，让我们有机会在笔耕不辍的同时，看得更多、了解更多、掌握更多，让自己比其他人学得多、懂得多、会得多。而之所以要拓展知识视野,是因为这个特点对于我们的履职和成长,都具有重要价值。

1. 有助于形成换位思考的习惯

体制本身是庞大而有序的系统,内部岗位种类繁杂,每个人在不同岗位上又处理着性质完全不同的任务,思维方式、目标方向和价值判断都有明显差异。写材料的时候,我们常常会接触到其他方面的信息,需要对其做出正确的判断、分析和取舍。如果只知其一不知其二,那么我们很容易做出错误的选择,容易导致一些综合文字材料的精神主旨违背统筹协调的本意。

拓展知识视野,有助于我们换位思考,站在不同角度看待这些素材和资料,得出更加全面的结论。同时,换位思考培养起多样化的思维方式,从而提升信息处理效率,并确保信息资料整合的精确。

案例

阿兵是一名"王牌笔杆子",他的厉害之处在于广阔的知识视野,在外人看来就是"百事通"。他所服务的副市长分管城建工作,于是他对规划、国土、住建、市政管理、园林等方面的业务十分熟悉;他大学的专业是区域经济,于是他对经信、金融、商务等单位的事项一点就通;他的爱人在党校任职,于是他对政治理论等方面也有所见闻。多方面的知识积累,让他深知各个材料背后的意义、特点和风格诉求,达到了"下笔如有神"的境界。

2. 有助于加快个人能力的提升

写材料是一项不断学习和提升的过程,由易到难,循序渐进,最后做到"独当一面"。从内容相对单一的线上业务材料,再到整合各类信息的面上综合材料；从套路成熟明确的信息简讯文稿，再到需要创新思考的调研课题研究。每往前走一步，就意味着我们需要更加丰富的知识储备，确保自己可以高效地分析各个方面的信息。在此之前，如果我们勤于学习思考，在知识视野方面保持着"先行一步"，那么在前进道路上也自然会走得更顺。特别是我们展现出了快速适应新角色的品质，便有更多机会赢得领导信任，去承担起更加重要也更加有挑战乐趣的工作任务。

3. 有助于跟上时代发展的步伐

作为一名有理想的"笔杆子"，写材料仅仅是职业生涯的起步，未来还有更多可能，而不仅仅是困守于写材料的"一亩三分地"。所谓"君子不器"，无论是在体制内，还是在体制外，要寻求更加广阔的发展空间，就必须要有相应的知识储备，并对体制内外的发展变化保持着敏锐的触觉。但是在实践中，"笔杆子"却是最容易被时代抛弃的一群人。相比其他岗位而言，我们的工作主要是对内，为领导服务，并没有机会去接触太多的业务知识，遑论对某一领域的专精。时间久了，还容易忘记原来的专业技能。"除了写材料什么都不会"几乎是每一位"笔杆子"最终的自我评价。因此，我们更应当有这种紧迫感，去了解和汲取外部知识，让自己跟上时代发展的步伐。

案例

老丁常常会哀叹，叹息自己失去了离开体制的能力。他坚决申请调离办公室副主任的岗位，意味着原本就渺茫的提拔机会，彻底离他而去。闲下来后，他发现了在体制内积累知识的重要性。从事法律服务的同事离职后当了律师，从事项目审批的同事被企业高薪挖走，而他除了写材料什么都不会。

10.2.2 触类旁通：学习的正确态度

"笔杆子"大多工作任务繁忙，很少有时间去关注本职工作之外的事情。因此，面对各行各业的外部信息，如何分清轻重缓急的学习顺序，便显得尤为重要。

1. 巩固基本技能

我们必须要具备的基本知识和技能，主要包括三个方面。

首先，是语言文字方面的知识技能。虽然，本书在前面多次强调综合能力的培养，但是语言文字方面的能力仍然是我们的基础，需要不断磨砺提升。事实上，许多写了多年材料的"笔杆子"，在下笔的时候仍然会有一些语病。这也说明对语言文字的琢磨永无止境。对此，笔者并不建议对着书籍学，因为效率并不算高，而且繁忙的工作容易打断这样的学习过程。一个较好的途径，是抽时间通读中央、省级领导的讲话稿或研讨文章，感受最高公文写作水准，训练公文写作语感，并且了解对某些问题的权威观点和看法。

其次，是本单位各条线的业务知识。单位之间各条线的工作，往往有千丝万缕的关联。如果是负责撰写本条线上文字材料的"笔杆子"，除了精通本职业务之外，最好还需要涉猎其他业务线上的知识，使文稿细节方面可以更加考究，同时也更全面地掌握所在部门的信息，从而可以从大局的角度定位好自己的本职工作。如果是代表本单位撰写综合文稿，更需要了解其他业务线上的情况，才能做到有效整合，锻炼好个人统筹兼顾的能力。

最后，是本地区宏观层面的发展战略。这些更高层面的战略目标，形象地归纳为一些口号。了解宏观战略，一方面可以提高材料文稿的思想高度，另一方面还将对工作和生活形成更多的前瞻性思考。实际上，能够较好地理解地方战略目标，是体制内一项重要的信息优势，至少对我们的理财投资判断有很大助益。

2. 接触关联领域

最重要的是本系统的相关专业知识。我们积累了一定的实务工作经验，再加上撰写材料的历练，对系统内的运行规则和情况有了了解，再去学习专业知识，便能得到助益。

在公检法司系统，我们可以更好地学习法律知识，积累法律工作经验；在项目审批系统，我们可以总结实践经验，了解整个审批流程；在经济金融系统，我们可以通过与各类企业的接触，窥探地方市场经济的运行规律。

这些关联性较强的业务知识，既可以帮助我们提升材料质量，还可以为今后的人生轨迹提供更多选择。

同时，这些关联知识完全可以通过"职务便利"而接触并积累，我们又有什么理由不去珍惜这种机遇呢？

3. 探索兴趣爱好

具备一些兴趣爱好，既是我们缓解心理压力的有效方法，同时也是接触和学习新知识的机会。实践中，"笔杆子"工作所带来的心理压力，需要我们有一些寄托。但是能否将这种寄托变得更加健康，并且从中实现知识的积累，就决定了这是纯粹的放松，还是我们成长的机遇。

体制内常见的业余娱乐方式，有着明显的迭代特征。不同年龄段的人，会有截然不同的兴趣选择。无论是打牌打麻将也好，喝酒聊天也好，运动游戏也好，都有着时代的痕迹，或许有雅俗之别，但没有高下之分。我们大可不必纠结。

10.2.3 突出强调：办公软件要精通

学以致用是学习的目的和原则。什么方面的知识用到越多，对其学习和掌握的迫切性就越强。前文所讲述的，都是"笔杆子"应当学习，或者能够学习的部分，也是大部分有上进心的"笔杆子"会自觉关注的内容。

然而，有一项技能，明明与日常工作息息相关，密不可分，却常常会被忽略和遗忘，甚至很少有"笔杆子"会专门去学习其方法技巧。这便是办公软件的运用与精通，乃至延伸出对各类办公电子设备的管理和使用等。

我们的日常工作场景，就是对着电脑敲键盘，是另类的"码农"。无论是硬件设备，还是办公软件，都是我们离不开的工具。所谓"工欲善其事，必先利其器"，再好的思路和灵感，都需要变成数据，再输送到打印机。如果软硬件存在问题，或者不善于使用软件功能，那不但会影响我们的工作效率，甚至还可能在关键时刻"误事"。

跟我们日常工作关联最紧密的办公软件，首先是 Word、Excel、PowerPoint 这三种。

其中，Word 是最常用的工具，绝大部分文稿材料都离不开它，而我们一年到头的忙碌，最终也是变成不计其数的 Word 文档，留在了电脑硬盘里。学会用 Word，不仅仅是将文字在上面打出来，还包括了格式调整、表格制作、图表设计、批注修订等功能。

Excel 是最重要的数据处理工具，特别是日趋重视数据阐述的当下，Excel 在各个专业领域的重要性也在凸显。使用 Excel 重在对数据的分析和处理能力，除了比较常用的求和，我们还要学会数据筛选、比对排序、开方求幂等基本操作，以适应越来越追求数据化的写材料任务。

PowerPoint 的使用场合相对较少，主要用于配合领导的重要讲话等场合。近年来，各类诸如"比学赶超""晾晒竞赛"等活动日益增多，一些领导会经常走上演讲台去介绍工作成果，其背后更是需要一份精致的幻灯片。因此，学会用 PowerPoint 制作幻灯片，在特定场合下能够发挥出关键作用。

除了上述软件，我们还需要掌握工作中的常用办公技巧，比如 PDF 文档的格式转换、图片的简单处理等，以备不时之需。

10.3 注重培养观察能力

观察能力考验的是"笔杆子"对客观人与事是否敏感，能否第一时间察觉外在的变化和异常，进而思考其背后的原因和规律。"笔杆子"常常忙碌于工作，更多的是"埋头做事"，而很少有时间去"抬头看看"，给人一种"皓首穷经"的观感，对外部讯息的反应相对较慢。

但这也是岗位工作的特点使然，不应当成为对"笔杆子"的刻板印象。我们在写材料的时候，同样要经历很多观察思考的环节，并将这种成果体现在文稿之中。

善于观察思考，无论是对"笔杆子"也好，还是对从事其他工作的读者朋友，都会有所帮助。

10.3.1 观察越细致，收益越丰厚

站在"笔杆子"的位置上，观察越细致，对工作越有收益。

1. 观察越细致，意味着信息收集更有效

对于"笔杆子"来说，写材料是一项日常性工作，而每一份材料的背后却凝聚着许多人的心血。我们拿到手的素材，可能是冷冰冰的几句话，但要展现出背后的心血，却需要我们"笔杆子"的加工。这就有赖于观察，让我们有能力从表面素材中，看到其背后的意义和价值。

 案例

老丁作为街道办事处的"笔杆子"，常常需要综合其他各科室的文字资料。但由于其他科室撰稿能力有限，所提供的素材常常看不出亮点所在。对此，老丁通过平时的细致观察，对其他科室工作有着较深的了解，即使越过他们的素材，也能抓准各项工作的核心亮点，所整合出的稿件比原先的素材有极大的提升。

2. 观察越细致，意味着领会要求更准确

文字材料的价值评判者，就是"用材料"的领导，而领导对材料的评判标准，既有客观层面的实用因素，也有主观层面的个人偏好。要让材料"一次通过"，就需要我们对这些主客观因素的观察，以及相应的观察能力。材料是用来干什么的？领导对这类材料一般会有什么样的要求？我们应当侧重于哪方面的信息？要回答好这些问题，需要我们在事前有细致观察，进而才能做出分析和决断，最终可以更加准确地领会领导的意图。

3. 观察越细致，意味着文稿细节更完善

我们常说文字材料的质量，取决于细节部分做得好不好。但是要做好细节，关键点也在于观察是否细致。从大处讲，我们如果对

宏观环境观察细致，便能准确点出某件事情的大背景和大意义，从而提升文稿的价值。从小处看，我们如果对文稿字词观察细致，便能有效避免出现不必要的错别字、格式不一、标点符号滥用等小问题。

10.3.2 我们应该注意观察什么

"笔杆子"的工作节奏很快，事务繁忙，没有太多时间去"东看西瞧"。但同时，"笔杆子"又常常身居单位的核心枢纽岗位，接触面相对广阔，有许多东西值得我们去观察。

没时间去观察，有太多东西值得观察，这组矛盾的解决方法，自然便是提高效率，将有限的时间用来观察最值得观察的对象。

1. 工作信息

单位内外的各类工作信息是至关重要的资源，也是"笔杆子"相对容易接触到的资源。它们不一定有细节，但具有权威性，至少不会出错；它们不一定有关联，但具有针对性，至少清晰扼要；它们不一定有文采，但具有时效性，至少在当下有用。

我们观察这类信息，目的在于了解外面的人都在干什么，单位里的同事在忙碌什么，领导在关注什么。而这些都是我们写材料必须要知道的关键，更是保证材料角度准确、高度精确、内容正确的前提。

案例

阿兵负责联络的部门属于城建口，报送的信息资料较多。他定期搜集并分析这些部门的工作信息，逐步掌握了他们的工作重点和工作动态，为给分管市领导撰写材料奠定了底气和自信，同时也让自己有了几分城建工作"老专家"的色彩，深受领导倚重。

2. 角色格局

我们写材料的时候,素材是不可或缺的。而素材找哪个单位去要、谁那里会有什么素材、怎么才能要到素材,是日常工作中常见的问题。

实际上,这些问题考验的就是我们对角色格局的观察能力。特别是遇到一些关系复杂,又牵涉多个部门的综合性工作,各单位、各部门、各人员之间的角色相互关联又各有侧重,让我们对素材收集十分困惑。在撰写这类综合材料的时候,就需要明白哪个单位的谁,目前正负责哪个环节的工作。

经验丰富的"笔杆子",会观察各部门的工作信息,以及大型会议上各单位的交流汇报材料,来判断哪个部门负责哪件事,目前进度怎么样,存在什么问题,他们下一步准备怎么干等。这大大缩短了材料的前期准备时间,给自己提供了明确的方向和目标,做到了事半功倍。

有机会的话,"笔杆子"应当多跟随领导参加会议,因为会议上往往会有许多值得观察和注意的地方。特别是一些任务部署会议、单位联席会议、意见征求会议等场合,我们从各单位的发言中可以判断出很多有价值的信息。当然,这也取决于领导愿不愿意带。

3. 领导习惯

每一位领导对文字材料都会有个人的判断习惯,从内容编排,到布局行文,甚至到细微的遣词造句,都会有一些偏好。这与领导是否有文字工作经历无关,与领导本人文字水平无关,甚至与领导岗位工作特点也无关，仅仅是"人常有之"的一种习惯与特点。而且不同领导对于材料的关注点和偏好往往也会大相径庭。

比如，有些领导喜欢用数据说话，对待材料甚至"无数不欢"；有些领导喜欢标题工整，希望大小标题都如对联一般精致；有些领导则喜欢抓人眼球，常常会在材料中用一些新奇的概念或者字眼。这些都是领导的偏好，作为"笔杆子"必须要有敏感性，并且能够及时察觉发现。

一方面，我们要适应领导的个人习惯；另一方面，我们还要努力去弥补因为领导习惯而造成的"矫枉过正"。其中，后者比前者更加重要。因为适应习惯往往比较容易，为领导服务时间久了，一般也能够抓住领导的胃口。而如何既适应领导习惯，同时又让文稿显现出水平来，更是"笔杆子"的价值所在。

因此，"笔杆子"对领导个人习惯的观察，不仅仅是明白"领导喜欢什么"，更是要回答好"既然领导喜欢这样，那我应该怎么做"这个问题。

比如，遇到喜欢用数据说话的领导，容易造成文稿中数字太多太臃肿，我们可以尝试着用一些图表，创新材料样式，防止更重要的文字内容被大量数据"淹没"。遇到追求标题工整的领导，容易在标题推敲斟酌上浪费大量时间，我们可以尝试着建立各类词汇库，做到"预防为主"，在需要的时候"信手拈来"。遇到喜欢用新奇概念的领导，容易使材料变得晦涩难懂又不知所云，我们可以尝试穿插解释性语句，将这些新概念解释到位。

10.3.3 观察能力怎么来：全情投入

培养细致的观察能力，重要的不是所谓"察言观色""见机行事"，而是我们对待岗位工作是否做到了全情投入。这并不需要什么特别的方法和技巧，只需要我们对自己有要求，认认真真去做事，便会在日积月累中得到成长。

1. 全情投入，意味着我们珍惜机遇

"笔杆子"都很忙，在每天的忙碌中，势必有很多观察的机遇。但事实上，只有全情投入的人，才能抓住这些机遇。

我们跟着领导去旁听会议时，是在下面玩手机，还是认真记录大家的会议发言呢？

我们拿到其他单位或者部门的信息时，是随手扔在一边，还是会仔细去看信息内容呢？

我们与领导一起讨论稿件，是跟着领导"亦步亦趋"，还是会主动分析领导意图呢？

不同的态度，便决定了我们在同样忙碌的时间段里，能够观察到多少信息。

2. 全情投入，意味着我们不断思考

漫无目的地去看，并不是一种观察，观察必然是带着问题和思考。很多人平时只知道干事，不去思考这件事背后是什么意义、跟什么单位有关系、哪里是否还有更好的经验等问题，那自然也就缺乏了观察的动力。

带着问题去参加会议，我们才会注意听别人的发言，努力搜集其中的关键信息。

带着问题去分析信息，我们才会发现其中的价值点，解开自己心中的顾虑疑惑。

带着问题去讨论稿件，我们才会领会领导的关注点，了解领导对待文稿的偏好。

而我们如何会带着这些问题呢？正是因为我们在不断思考，在思考中才能有问题。不然的话，无论是开会也好，讨论也好，大都是以茫然开始，也以茫然结束。

3. 全情投入，意味着我们保持专注

我们观察的对象不是一成不变的，当前的观察结论也不是永远可以适用，需要我们保持动态更新的精神。

可能我们观察到的工作亮点，会随着这项工作的不断推进，而有新的更替。可能我们掌握的工作格局，会随着职能调整，而有新的变化。可能我们刚刚适应的领导习惯，会因为人事变动，又需要去观察了解新的领导风格。

这意味着我们不能停留于现有的观察结论，而是不断调整更新。

工作进度有变化了，注意去查查是否有新的信息出来，里面是否有值得关注的新问题。

职能格局有调整了，注意去看看工作角色是否跟着变，今后这项工作要找谁咨询了解。

顶头上司换新人了，注意去了解新任领导的文字习惯，想想以后材料应该怎样写更好。

这些都需要我们全情投入工作之中，时刻保持着专注，在岗位上砥砺前行。